城的记忆

CHENG DE JIYI

天津

老城逸事

主编 戴晓泉
撰文 晓渔
插画 王星

天津出版传媒集团
天津教育出版社
TIANJIN EDUCATION PRESS

图书在版编目(CIP)数据

老城逸事／晓渔撰文．—天津：天津教育出版社，2017.3

（城的记忆：天津／戴晓泉主编）

ISBN 978－7－5309－8027－9

Ⅰ．①老… Ⅱ．①晓… Ⅲ．①城市史—史料—天津 Ⅳ．①K292.1

中国版本图书馆CIP数据核字(2017)第054470号

城的记忆 天津 CHENG DE JIYI TIANJIN

老城逸事 LAOCHENG YISHI

出版人	刘志刚
主编	戴晓泉
撰文	晓 渔
插画	王 星
选题策划	袁 颖 王艳超
责任编辑	袁 颖
装帧设计	郭亚非
出版发行	天津出版传媒集团 天津教育出版社 天津市和平区西康路35号 邮政编码300051 http://www.tjeph.com.cn
经销	新华书店
印刷	天津金彩美术印刷有限公司
版次	2017年3月第1版
印次	2017年3月第1次印刷
规格	16开(787×1092毫米)
字数	110千字
印张	9.25
插页	2
定价	28.00元

序 言

明成祖朱棣于永乐二年(1404 年)在天津建卫,十一月"命工部尚书黄福、平江伯陈瑄、都指挥佥事凌云、指挥同知黄纲筑城浚池",这是天津筑城之始。

到光绪廿六年(1900 年),八国联军入侵,侵略者以废除中国防卫能力为由,悍然下令拆除天津城墙,结束了天津筑城防御的历史。

新中国成立后,国家经济得到极大发展,天津市区高楼林立,街道宽阔,城市面貌全然现代化。但是老城厢经过地震灾害,年久失修,相形之下,里巷街道逼仄,通行不便;加之人口繁衍,住房拥挤,私人搭盖,形成众多大杂院;环境卫生很差,危房处处可见,已不适合居住。在党和政府的领导下,结合危房改造,于 2003 年进行房地产开发,正式全面拆除旧城厢,至此昔日老城厢不复存在,仅剩下"老城"这一旧称仍然留存在人们的记忆里。若干年后,人们对老城的印象日渐模糊,许多有价值的史实世事也将随着时间的推移逐渐消逝。

天津老城厢的居民眷恋故土,对居住过的胡同里巷有着深厚的怀旧情愫。他们唯恐老城厢里的事物被忘怀,希望有人能够把它记录下来,传诸后世。一些青年人对其先辈所居住过的老城厢毫无所知,对既往感到陌生又充满好奇,仅能从别人的口述中获取零金碎玉的资讯,甚至讹传,难得全貌。于是有那么一些热心人聚集起来,勇挑重担,撰写了这套书。

全套书图文并茂，分为《老城故里》《老城胡同》《老城生活》《老城逸事》四册，近七十万字，记载了天津老城几百年的历史沧桑。

《老城故里》对天津城内外的官署衙门和学校教育的历史进行了详细梳理与整合，条分缕析，考订源流变迁，溯其原委，穷其究竟，不仅系统真实，而且充分展现了旧城的今昔全貌，可以帮助读者系统全面地了解天津老城厢的过去。其中撰写有聚通恒杨家大院的情况，全面地介绍了津郡著名文人杨一昆的家庭及其后裔的事迹；有津门四大著名书法家之中的孟广慧和高台阶华家华世奎，以及誉满津门的严修、赵元礼等等；此外对姚家大院、乡祠卞家、冰窖胡同李家、益照临张家（海张五）等名门望族都有详细介绍，其中亦有一些鲜为人知的趣闻逸事。

《老城胡同》是作者们不辞劳苦，遍走旧城街道通衢各处，踏查里巷院落的结晶，足迹所到，通过镜头、文字记录了老城四通八达的主干分支以及犹如四肢百骸的许多胡同里巷，抢救性地拍摄下旧城拆迁前的最后景象，为我们保留老城的史实作出巨大的贡献。虽然现在老城厢旧址上面高楼林立，已非旧观，但书中的照片和插图为我们回忆旧城提供了乡愁的依据。

《老城生活》在天津人的衣食住行部分，尤其是吃的方面，也有精彩记述。天津人讲究吃，本书就汇集了诸多天津著名的菜肴和小吃，颇具地方特色。

《老城逸事》记录了许多耄耋老人的口头叙述，这些提供者的娓娓而谈翔实具体，有些事迹堪称珍贵史料。这些口头叙述犹如活化石，为老城历史定格，让人备感亲切。

总之，本套书从多角度记录了 2003 年天津老城拆迁前的景象，是一套史料丰富、知识性趣味性很浓的读物，可以充分满足人们怀旧的心理需求，是可读性强的巨著。类似这样的书籍我也读了不少，但是像本套书这样概括各个方面，系统而真实、细致而深入的尚不多见，因此值得向关心老城、热爱乡土的读者们推荐。它们像一束艳丽的花朵，悄然绽放，作为纪念老城厢、怀念老城厢的凭据。

天津市艺术研究所　张国贤

2016 年 6 月　时年九十

前 言

这套记录天津故城的丛书历经三载终于付梓,成书的过程很是艰辛亦颇为传奇,让我们这有老有少的七人团队有机会在一起共同书写天津老城的往事。

2013 年 8 月,天津电视台播出了我的一小段专访,几天后,天津教育出版社的袁颖女士就找到了我。因在节目中我提到希望出版一本关于天津老城的书,她愿与我共同完成这个愿望,正是她的慧眼成全了这部多视角书写天津老城的作品。

天津于明永乐二年(1404 年)设卫筑城,至今已六百余年,过往的岁月中,她经历了纷繁的风云变幻并积淀了丰厚的老城文化。

2003 年开始,天津老城迎来了她建城后最彻底的脱胎换骨的变革,几年间老居民换新业主、老房屋换新大厦,如今已是高楼林立、别墅遍布。

那曾经的老街、老院、老屋、老邻、老树……是我们生活中抹不去的记忆,也见证了天津的发展与繁荣,记录着这座城市的荣辱兴衰。

天津老城内自明至清曾有几十座衙门分布其中,管理着城内外的诸多民间琐事、商务往来乃至国防大事、课税要务,而衙署驻地则数次变迁,改弦更张之事也时有发生。古时有城便有墙,天津也是如此,城中自鼓楼又辐射出东、西、南、北四条大街,直达四个城门。这田字形的城中,先后分布着文庙、武庙、书院以及后来众多的教育机构,绵延着天津的文脉,见证了天津现代教育的开端。曾世居城里的青年学者李弢先生在《老城故里》一册中对天津城内外的官署衙门和学校、教育的历史进行了详细梳理与整合，并与其他成员一起写成了“城埠春秋”“古卫城垣”，以及“文脉相承”一章中的“教化育人，传承有序”。

津城之内，尤其是清代以来，曾居住着众多的富商巨贾、文人墨客，天津民间所称的“新、老八大家”有很多也是世居城中。我有幸因老城邻友会而结识天津民国四大书法家之一的孟广慧后裔孟宪宁老先生，他为《老城故里》撰写了“故居选辑”中的“鼓楼东姚家”“书坛大家孟广慧”“高台阶华家”“冰窖胡同李家”等，并在成书的过程中将自己曾经编书的经历与经验同大家分享，让我们少走了很多弯路，促成了书稿的顺利完成。

天津老城中那三百多条胡同里巷，见证了天津城六百年的沧桑变化。如今胡同没有了，但幸运的是在大规模拆迁之际，我们用照片记录了那些远去的情景，兼有文字记录，以便回忆胡同生活的点滴。我和王鹏用一册书记录了我们所了解的胡同。王鹏酷爱考古，在老城拆迁时以考古者的视角拍遍了老城的西北角片、西南角片，而我则以原住民的视角拍遍了老城东北角片、东南角片，虽然当时互不认识，但十年后合作撰写《老城胡同》时，冥冥之中的默契互补，让人感觉到“城缘”的神奇。

天津是个移民城市，五方杂处，经过几百年的融合，形成了特有的文化积淀，百姓生活中的衣、食、住、行各有特色。茶园、茶楼、戏院、影院遍布老城内外。有数百年历史的天津“皇会”异彩纷呈，曾经消失了几十年，如今又恢复了盛况。天津城中孕育了很多民间工艺，涌现了不少能工巧匠。百姓的婚丧嫁娶、过年过节等都各有规则、各有礼仪，形成了很多“妈妈例儿”。在天津特有的方言岛中产生了风趣朴实的天津方言。这些市井百态构成了天津独特的民俗特征。这些内容由天津民俗专家、八旬老人张显明执笔，写就了《老城生活》，而这位老人则是我在拜读他的博客时结识的。

晨钟暮鼓，以鼓楼为中心的天津老城厢是天津的起点，这座算盘城中留下了很多精彩的故事，虽然随着城市的变迁，承载这些故事的老房子、老胡同已然消失，但在这片土地上发生的故事仍在那些搬走的百姓中口口相传。在一次采访中，我结识了晓渔女士，她将自己采访老城人的记录精心梳理，写就了《老城逸事》，让这些老城居民、望族之后、研究学者所经历、所了解的老城故事跃然纸上。

这套书是记录历史的，但很多历史的场景我们没有亲历，由于年代久远也罕有影像资料，如何更好地将历史呈现给读者，曾是我们最为挠头的事。正当愁眉不展之际，一次同学聚会让我将青年画家王星邀入了“城书”的团队。这一画就是三年多，书中四十余幅插画大多是以线描为主的小写意人物画，皆是她一人所绘，每幅作品都精益求精，尽可能地贴近史实并与文字相呼应。这些插画本身自成一部写实风格的连环画卷，描绘着天津老城的跌宕史诗。

为了完成这套书，大家都将自己积累多年的素材和研究成果献出，在完成各自主撰分册的同时，各取所长，互相补充。张显明先生为《老城故里》一册撰写了“老城当铺与估衣商”；孟宪宁先生为《老城生活》一册撰写了“花样精彩进宝斋”“扎彩名家天润斋”“魏氏风筝长清斋”；王鹏先生为《老城故里》一册撰写了“天津老城的宗教建筑”“商贾云集，会馆精美”；我则为《老城故里》一册撰写了“出版印刷，琳琅满目”“环城马路的繁华商业”“天津商会在老城”，为《老城生活》一册撰写了“电信邮政老城缘”一文。本套书共分四册，除了近七十万的文字和四十余幅手绘插画外，还配有九百余幅插图，大多为我和王鹏等本书编写组成员所拍摄或收藏，还有一部分图片则由老城邻友提供，均在相应图片说明中标示，在此表示感谢！

成书的过程中有幸得到了天津史学界专家和乡贤后裔的支持。天津清代名举人杨一昆的后人杨力女士为《老城故里》撰写了“聚通恒杨家”一文并提供了珍贵的历史图片；清代名士李春城的后代李庚翔、李学泓等人认真审核、修改了“冰窖胡同李家”一文，并提供了珍贵的历史照片；天津社会科学院研究员、乡祠卞家后人卞学诊之夫罗澍伟老先生为《老城故里》赐稿“乡祠卞家”一文；天津市艺术研究所研究员、清雍正年间的津城名师张志尧后裔、九秩高龄的张国贤老先生多次审阅书稿、提供资料，为本书提出了很多宝贵的修改意见。对他们的大力支持，我在此表示由衷的感谢！

此外，天津图书馆、天津博物馆、天津档案馆、南开区档案馆等馆藏的开放也为本套书的考证工作提供了很大的帮助。

希望这套图文并茂的书能为人们追忆天津、了解天津、认识天津提供些许便利。

戴晓泉

2016 年 6 月

目录

老人说鼓楼

鼓楼大钟故事多 / 004
跟老道敲钟的孩子 / 005
世居鼓楼旁，亲历拆鼓楼 / 007
我与古钟缘分深 / 008

上学在老城

苗氏兄妹在城里的学习生活 / 012
20世纪40年代的崇化中学 / 015
耄耋老人的学生时代 / 017
回忆外祖父严范孙如何办教育 / 022
我和父亲是仓廒街小学校友 / 028
我家很多人毕业于旧县署小学 / 030
我奶奶是普育学校第一期学生 / 031
我上的是东门里小学 / 033

老城里的工商业

北门里金店多 / 036
偶得橙子始发家 / 039
鼓楼附近好繁华 / 041
天津城里的老当铺 / 042
我差点儿往进东安市场 / 044
我爷爷的茂林号玻璃铺 / 045

胡同是我家

我们都住大栅栏 / 050
七旬老人忆童年 / 052
一家有事多家帮 / 053
战争年代的石桥胡同 / 054
胡同中的洗澡问题 / 056
我家住在东南角河营西箭道 / 057
十七代人的院落 / 059
火车胡同的故事 / 061
儿时挑水的记忆 / 063
胡同里如厕与煤店的关系 / 065
爷爷的三间瓦房和父亲盖的小厨房 / 066
走街串巷收瓷器的故事 / 068
老城的民俗与皇会 / 071
说说天津老城里的小吃 / 073
我的父亲孟广慧 / 078
华世奎与华家大院 / 081
开银行的铁门张家 / 087
严修后代忆旧宅 / 090
老城里面名人多 / 095

目录

戏园与会馆

老城梨园 / 098
娱乐场所故事多 / 103
我太爷创办了江苏会馆 / 106
广东会馆的故事 / 109

改造老城厢

老城厢改造的必要和困难 / 118
拆迁时收集门牌和照片 / 121
创办天津老城网，发起老城邻友会 / 123
我拍摄的老城厢和盐店胡同的砖雕大盗 / 126
拆迁的伤感 / 129
胡同情深 / 130
让老城里的人情味儿延续 / 131

后记 / 133

谨以对天津老城厢的文字描摹与影画记录，

作为我们乡愁的凭据和对过往生活的纪念。

老人说鼓楼

晨钟暮鼓，钟楼和鼓楼常常是一座城市最重要的标志。然而在有着六百多年历史的天津老城里，有一座只有钟、没有鼓的鼓楼。它曾是天津老城厢的核心，以早早晚晚清脆的一百零八响唤醒七十二沽里的繁华。

鼓楼高耸，迎八方来客；钟声悠远，送四海宾朋。鼓楼曾经留下多少人的回忆？鼓楼的钟声又曾经成为多少人生活中不可缺少的部分？走过悠悠六百岁的沧桑，历经两建两拆的时代磨难，如今依旧屹立原址的鼓楼，究竟是津城怎样的一道风景？

瞰东西南北

鼓楼大钟故事多

◎ 讲述者：何志华 1939年出生 曾住经司胡同

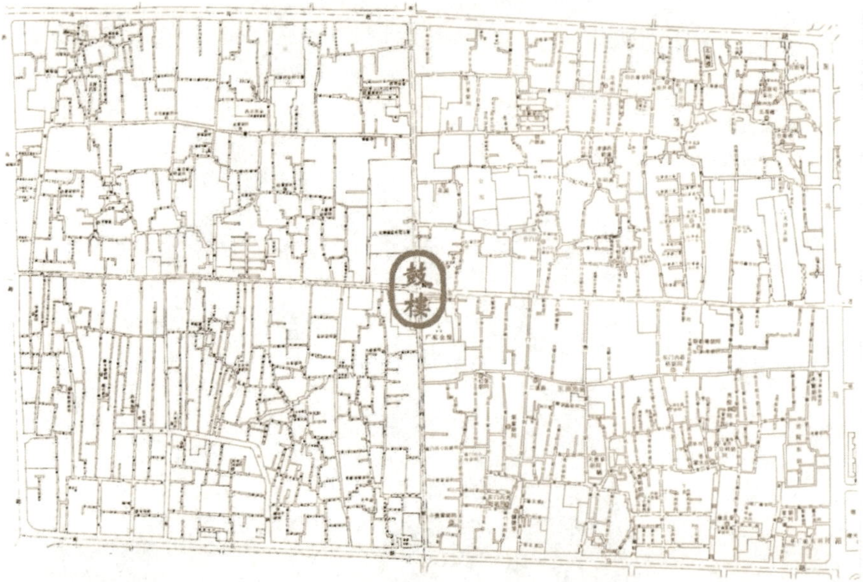

·鼓楼在天津城里的位置

在元代，鼓楼所在地是一个瞭望的地方。到了明代朱棣以后才有的城，有城就得有中心，鼓楼那儿就成了一个中心。按说咱们鼓楼上应该晨钟暮鼓，没有。上面最早供着仙像，供的是五大仙——狐（狐狸）、黄（黄鼠狼）、白（刺猬）、柳（蛇）、灰（老鼠）——这是听老人讲的。鼓楼上有口钟，那口钟也不是天津的，是山东的；还不是铜钟，是口铁钟。现在这口钟在天津博物馆了，怎么到天津来的？传说是有一年天津闹大水从南边漂来的，那是传说，没有考证。那时候没有表，开城门、关城门就指着那口钟报时。怎么敲呢？鼓楼上有副抱柱联是这么写的：“高敞快登临，看七十二沽往来帆影；繁华谁唤醒，听一百零八杵早晚钟声。”按照天津的敲法，要敲一百零

·笔者与何志华在天津文庙合影

八下，敲的时候是紧十八——就是快敲十八下，慢敲十八下，不快不慢十八下。早一遍，晚一遍，一共一百零八下。早晚各五十四下，分三段。于是，老天津卫留下了“紧十八，慢十八，不紧不慢又十八”这个说法。

那时的鼓楼跟现在不一样，我们小时候都往上面玩去，四下都通。里头是个倒馒头旋儿，出去通北门、西门、东门、南门。庚子年打仗，都打坏了，就拆了。1921 年又重盖的，原址原样，1952 年拆的。那个跟明代的比，总的布局没变。看照片，那个门矮、弧度大，是明代的老鼓楼。顶子是青砖瓦，不是琉璃瓦的。现在我们重修的鼓楼尺寸高了，面积也大了，就在原址上。实际上咱们的鼓楼只有钟，没有鼓。一般应该是钟鼓楼，你看北京是皇城，一个钟楼、一个鼓楼对称，因为天津这个楼当初本来就不是干这个用的，没有晨钟暮鼓，它是瞭望用的，所以没有这个设施。那年修完之后，冯骥才先生和张仲先生给立的传，之后又铸了一个铜钟。

跟老道敲钟的孩子

◎ 讲述者：孟宪宁 1945年出生 曾住东门里金家大院

我祖父那一代就在天津生活了。我们家原来在南开二纬路，后来闹水

·孟宪宁近照

以后到城里来了，因为这边地势比较高。我就是在那个院出生的，待了有四十几年，后来老城改造离开的，但是房子还没有拆。我是真正在鼓楼根儿底下长大的孩子。我小时候还跟老道一块敲过钟。鼓楼重建的时候，我是南开区政协委员，还到那儿视察过。鼓楼是石头门楼，四通八达，下雨天人们都跑到那儿避雨。另外有一些小商小贩，卖西瓜什么的，在把角儿那家有一位杜大娘，卖贴饽饽。她那几个儿子特别刻苦。那个大哥，我记得是清华大学毕业的。四哥一到天热就逮蛐蛐，回来就在鼓楼底下卖，我小时候有时上他那儿买蛐蛐去，他看见我就说："四哥给你留个蛐蛐，这个咬得准好。"我是在老城那儿长起来的，对那些小胡同都比较熟，我的同学也差不多都在城里住。

民国时盖的鼓楼，到1952年拆的，拆鼓楼的事我还记得，拆完鼓楼以后通公交车——15路，从王串场到西营门，那时候的车后面还背着一个像锅炉似的大包。我那时候小，记得有好多卖鼓楼的照片的，不知道是谁拍下来卖的，都做成六寸的黑白片，当时我们也买了。

我们住的地方离鼓楼还有一段距离，好像是在城厢中路现在耳朵眼儿会馆立了个碑的地方。我们那个大院也很深，前大门在东门里大街，后门快到衙门花园那儿了，俗称金家大院。我姑父姓金，我姑姑是孟昭蕙，一提大家伙儿都知道。

世居鼓楼旁，亲历拆鼓楼

◎ 讲述者：吕墙 1944年出生 曾住孙阴阳实胡同

我在东门里大街孙阴阳实胡同8号(20世纪80年代改为10号)住，我的孩子是在这里出生的第五代人，我的爷爷是在襁褓中到的那个院——是我老爷爷抱着我爷爷来的。我父亲是在那个院出生的，我也是在那院出生的，我的孩子还是在那儿出生的，整整五辈人。那时候，我妈妈领我看的鼓楼还不是现在的鼓楼，是老鼓楼。咱们天津方位最正的就是原来城墙所在这东、西、南、北四条马路和鼓楼，除此之外都是顺着海河的大弯走——天津的海河弯成三个S形，还有几处裁弯取直。只有城里的方位是最准的，正南正北。

· 孙阴阳实胡同

记得拆鼓楼的时候，我已经上学了。城里通公共汽车了，15路，从小西关到王串场，进东门，出西门。出过两次交通事故，东门里大费家胡同那撞倒一个孩子，西门里板桥胡同那撞倒一个孩子，后来就不通了。那时候的15路，不是现在的汽车，是焦炭车，车后面背着个炉子，有的时候走到半路，司机还得下来摇。车上都有卖票的。在鼓楼东修自行车的门口就是站牌，鼓楼东一站，鼓楼一站，东门里一站。我们感觉挺方便。东门里跟西门里一样宽——大约有十一二米。北门里也就是八九米宽。为什么东门里、西门里通汽车呢？因为马路比较宽，也没有这么多人，错车没问题。但没有两年时间，就撤了。

我与古钟缘分深

◎ 讲述者：刘德鸿 1942年出生 曾住东门里姚家大院

· 天津博物馆收藏的鼓楼铁钟

真正的天津，是老城里呀！东南西北门，这是老天津！我与鼓楼那口大钟缘分倍儿深。我小时候总到鼓楼上去捉迷藏，我和同学们放学以后捉迷藏，有的藏佛爷那儿，有的藏楼梯那儿。有一次我被追急了，就藏进那口大钟当中去了。

他们都找不着我，可是我自己藏着藏着就害怕了，那个大钟里面很黑。我再一看，那个大钟是吊着的，就是脚底下那个莲花荷叶纹那儿透一点光亮。我害怕了：这个大钟要是把我扣里面，我还回得了家吗？我也找不到妈妈了！结果我自己赶紧就从底下爬出来了。

后来我搬家搬到河东二号桥，有一回过年——记得那是 1998 年，我领着我的小孙子到二宫旁边的一个博物馆去玩——就是现在天津市总工会大院。当时看到那个博物馆里面放的都是钟，还有一些匾额和雕刻的碑。我就说领着孩子上里面转转吧，哎，发现这口钟了！我仔细看了看，跟我小时候记忆里的那口钟完全吻合,但是我现在钻不进去了！在这儿我又碰见了它,这真就是一种缘分!

上学在老城

"师者，所以传道授业解惑也。"

天津老城厢，有着深厚的文化积淀，更有着独特的人文内涵。文庙、崇化学会、中营小学等都为天津教育的发展史重书笔墨。严范孙、林墨青、刘宝慈等教育家，在老城里留下了许多感人的故事。老城厢里的莘莘学子有幸受着近代中国那些著名的教育家和优秀教师的指点和教诲，成就了他们一生为人、为学的基石。

"十年树木，百年树人。"人才辈出的老城厢到底都见证着中国近代教育的哪些变迁？这里又有着怎样的人文氛围和教育风范？

津门教育源文庙

苗氏兄妹在城里的学习生活

◎ 讲述者：苗谊明 1942年出生 苗贵明 1946年出生
曾住东门里解元里 后搬入石桥胡同

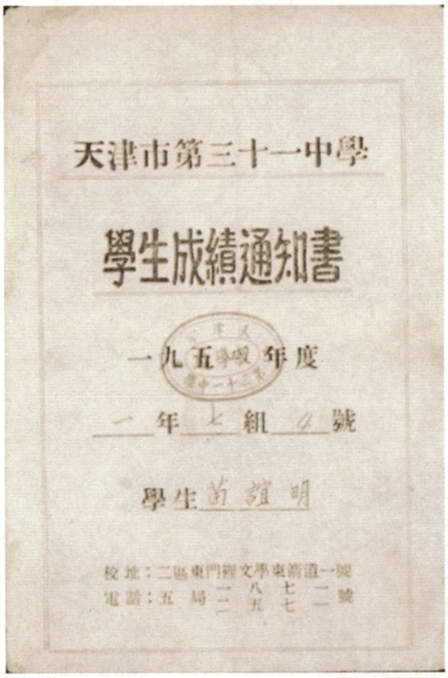
天津市第三十一中學

學生成績通知書

一九五　年度

一 年 七 組 4 號

學生 苗谊明

校址：二區東門裡文學東箭道一號
電話：五局二八七二號 二五七一

·苗谊明1954年在三十一中学上学时的成绩通知书（照片提供：苗谊明）

苗谊明：我小学在东门里小学，后来那儿变成东门里二中，再后来叫立信中专。我在东门里上小学的时候，我们那个班的班长是个女生，跟个大姐姐似的，家就住华家大门。我们小学也组织学习小组，去的正好就是华家大门里的花园，那里有树、山石什么的。我们写完功课就一块玩儿。华家后来都走了，那里就成了大杂院，院里有棵大柿子树。旁边有个瞿家大院，是从东门里一直通到二道街的一个大院，打这个门进去打那个门出来，他家的墙正好是华家大院的花园墙。

后来我又上三十一中，那时三十一中就在现在的孔庙里头。当初那里是两个庙，一个是天津府的庙，一个是天津县的庙。天津府的那个庙大，各种建筑、房子都大；天津县的庙小。现在去也能看出来：一个大庙，一个小庙。

我初中三年，就在三十一中上的。三十一中过去叫崇化学会，就是一帮老秀才在那儿宣讲古文，组织人们在那儿学，原来大殿里面供的是孔子。新中国成立以后就改成中学了，把庙撤了，侧殿里面的像也都撤了。我是1954年上的初中一年级，在我上学期间，每年都看见学校会把一间大屋子里面的东西搬出来晾晾、过过风——都是以前的那些孔子牌坊，还有一些贡器，晾晒完后再搁回去。

天津府的那个大殿就是三十一中的礼堂，我们聚会、演节目、联欢都在那儿。前面搭一个台子，搁着木头条的凳子，学生们在里面开会什么的。天津府庙的大殿旁边是两溜儿侧殿，一个侧殿当中打一道墙，就变成两间教室，一共四间教室。天津县庙的那个地方，也是两个侧殿，也有两间教室。另外那个侧殿断开以后一个是保健室——我们那会儿管它叫卫生室，就是磕破了去那上点儿药什么的；还一个就是图书室。然后天津县庙那个大殿就是文科老师的备课室。数理化备课室在天津府庙的侧门，一进去一个大院里面的一个大厅，现在去还能看见，那间屋子更大。其他还有几间教室。

当初我们上学的时候都是二部制。我们上午上课，下午组织学习小组，下午是另一个班上课。这个礼拜你上午上，下个礼拜我上午上，就这么上了三年学。现在的庙里一进去有一个挺空旷的场地，当初是我们的运动场，我们在那儿踢足球，都是那种一毛钱一个的小皮球，踢不了几天就被踢烂了。

我们那时候说："穷广东，阔耀华，要饭花子上崇化。"意思就是穷人上广东中学，那里收的学费低；阔人上耀华，起码家里是有拉着包月的洋车的或者是家里自己就有洋车的；要饭花子——老城里最穷的人——上崇化。要现在一看那就不叫学校了，要嘛没嘛。开运动会上起跑发令的那个枪，都是化学老师现做的。我们那个化学李老师，做着做着"嘣——"自个儿炸了，炸得满脸都是血。我们一个同学正好路过，就喊："王老师，李老师那儿炸了！"别的老师赶紧去看。都穷成那样，连发令枪都买不起，教育经费奇缺。

三十一中的音响设备，过去就是一个扩音器，是我父亲做的，还做了一个配电盘，这一放，每个教室都有一个喇叭出声。我父亲是学土木工程的，业余爱好无线电，结果后来就干这个了，就是修话匣子，还请侯宝林先生给他的无线电行做过广告，叫"响云无线电行"，就是做一个幻灯片，上电影院打广告。他还写书，写《无线电装修手册》什么的，自己刻版油印，卖得特别好。

在三十一中，我考试总是甲等，就是十几名到二十几名之间那个位置——那会儿分甲、乙、丙、丁。此前小学时老是乙等、丙等，后来到小学四年级，老师总跟我着急，到五年级就都是甲等了。我上学上得早，按周岁5岁上的，我21岁就大学毕业了。

记得有一次我中午回家吃饭，家里做饭做晚了，我就迟到了。老师让我上教务处去。我就觉得特别委屈，因为我不是贪玩迟到的；又不敢不去——还是个小孩儿呀！打教室出来就是天津府庙的东侧殿，我从里面出来，教务处就是现在穿堂那儿，我就坐在教务处门口的台阶上哭了——一是害怕，二是委屈。那时候也就12岁吧！我就坐那儿哭，那是一个非常空旷的大屋子，正是上课的时候，非常安静，所以我一哭就衬得那个回音特别瘆人。教务处就有人出来问，哄哄我。我对那件事印象特别深，就觉得自己特别委屈。我上小学的时候写过一篇作文，就是说以后想当老师——后来我真教了一辈子书。那件事就让我立志，将来当了老师，绝不把学生轰出去！我这一辈子，还真从来没把学生轰出教室过，我也不请家长。

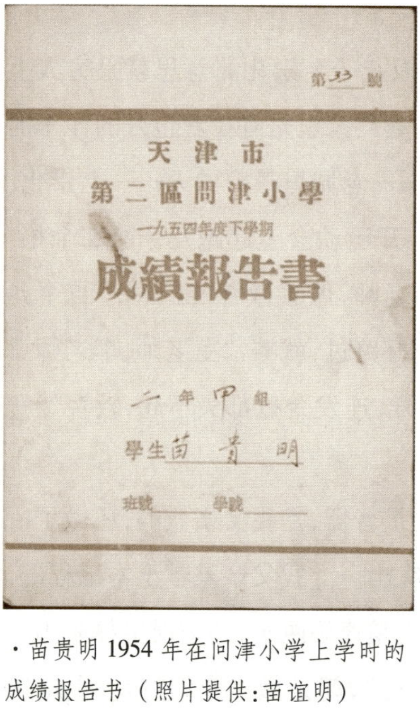

·苗贵明1954年在问津小学上学时的成绩报告书（照片提供：苗谊明）

我们特别喜欢生物课，生物老师姓倪，家里哥俩儿，他哥哥教代数，他教生物。

后来我们1957年毕业的时候，有两个学生被保送十六中，一个是东南角旁边那个木器行家的少爷，一个就是我。

苗贵明：新中国成立以后，因为我爸爸干着无线电行，算是家里有买卖，按照当时规定我们不能上公立学

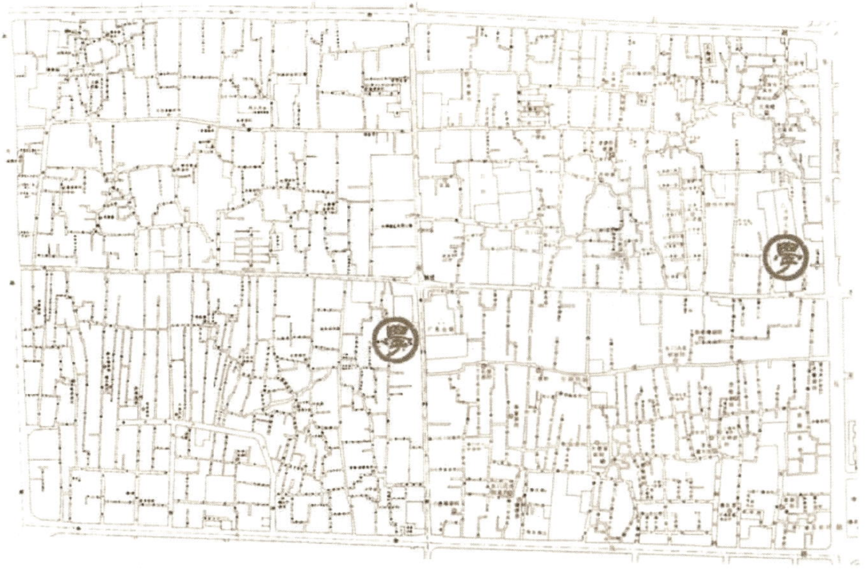

· 1954 年三十一中学（东侧）和问津小学（西侧）在天津城里的位置

校，就上私立的学校去。南门里小学那时候是私立的，到我三年级时就改成公立的了。那时候还叫问津小学，改成公立以后就叫南门里小学了，到我五年级时学校跟西南角小学合并。

我记得教美术课的有一个陈老师，女的，是印尼华侨，她教课特别认真。我们课下看她画的写生画，给我印象最深的是她画学校里的一棵芙蓉树，画得特别好，花的每一根纤枝都画得特别清楚。其实我们根本学不到那个程度，可是她把我对绘画的兴趣培养起来了。

20世纪40年代的崇化中学

◎ 讲述者：张显明 1935年出生 曾住仓廒街德善里（维善里）

我是 1948 年上的崇化中学。那时候还有一门特殊的课——武术课，专门请了一位老师叫程子明，是武当派的老师。他不天天来，一个星期上

·20 世纪 50 年代崇化中学师生合影（照片提供:倪岩）

两回,一次两个小时,教一些简单的操法。所以那时候我们既有体育课也有国术课——学武术。

教音乐的有一位老师,叫任丙乾。他给我们讲的音乐课确实特殊,他一上来给我们讲《公车词谱》——这是唱昆曲用的;曲艺里面有单弦,还有就是些有学问的人,他们记谱子也用《公车词谱》。现在这老先生还唱昆曲呢。

另外我们还学四书五经;老师还给我们讲《诗经》里介绍的植物,花草树木有几百种,讲现在的名字叫什么、长得什么样等等。学校请了一位老师叫陆辛农。这位陆老师后来在天津成立了一家“广智馆”,就相当于一家民办博物馆,里面各种动物、植物说明都是他编写的,他去日本等地考察过很多次,画也画得特别好。

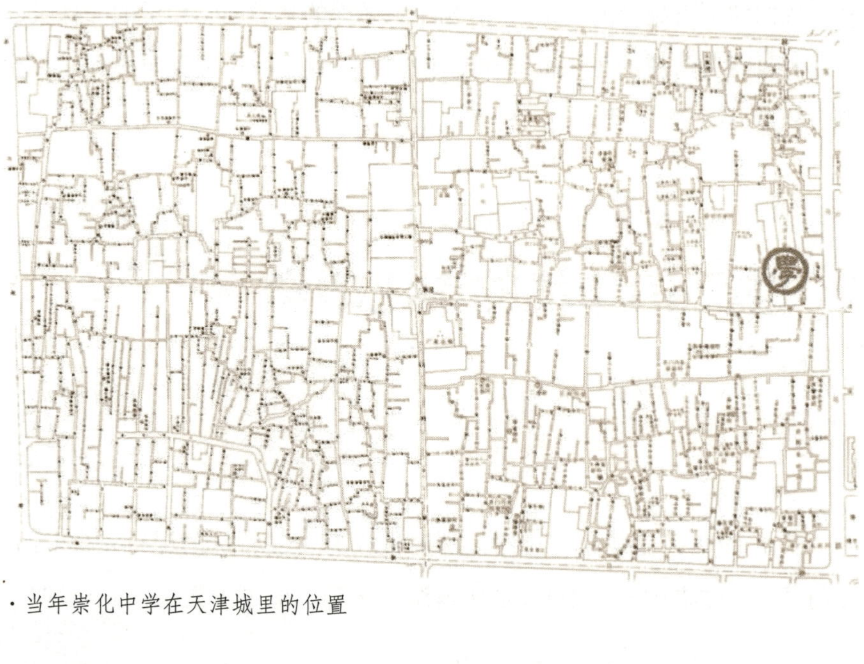

· 当年崇化中学在天津城里的位置

最早天津成立过一个水产专科学校，是高专——就是高中毕业后上的大学专科。这个学校请了一个日本老师来讲水产，专门讲水里面的各种动物、植物，但是资料图片太小，老师要把图片放大给学生们看，要找一个能画的，别人就推荐了陆辛农。陆辛农画得特别精美，连植物根底下是什么样都能画出来。日本老师喜欢他，就让他当助手，他因此迷上了动物、植物。他画的植物，有结出花骨朵儿的时候是什么样的，有开了花是什么样的，有花谢了、结籽时是什么样的，等等。他给崇化学会讲解《诗经》里面的这些东西，也给我们讲动物学、植物学。找不到标本的东西，都是他给画了让学生看。我就在崇化上了初中，其间因父亲病重我休学一年，所以我多修了一年。我 1952 年毕业，那一年换了校长。

耄耋老人的学生时代

◎ 讲述者：张国贤 1927年出生 曾住张志尧胡同

崇化中学的前身是崇化学会，是严范孙他们组建的。我父亲就在那上过学。崇化学会教学不收学费，当时以传播国学为主，请的都是名家，在那讲学就是为了传播、继承传统的文化遗产，讲《左传》什么的，也讲一些当时流行的东西。民国十几年的时候军阀混战，要写檄文，崇化学会讲这个，也给学生留作业写文言文。1947 年正式定名为崇化中学，新中国成立后在这个基础上变成三十一中学。当时，南开中学已办了四十多年，积累了丰富的经验，从南开中学出了一大批人到三十一中去，我在南开中学时的老师李梦高就是其中之一。

天津的名人严范孙，名严修，字范孙，做过贵州省的学政——就是省教育厅的厅长，又是北京翰林院的一个编修，资历很高。他认为中国戊戌变法失败一定有原因。1900 年八国联军侵占京津。1901 年严范孙就派两个

·笔者在张国贤家中

儿子到日本去学习了。1902年袁世凯被清朝政府派为直隶总督后接管天津。严范孙就直接找袁世凯去了，说我推荐二十名举人到日本去留学，到弘文师范学校去学习。严范孙推荐的这些学生有李金藻（大号叫李琴湘）、郑菊如、刘宝慈、刘云生等二十几个人。等这二十几个人从日本留学回来的时候，刘宝慈就被派去筹办中营小学。中营小学是1906年建立的，当时叫两等小学堂，就是初小、高小，刘宝慈任校长。

袁世凯接替孙中山当了临时大总统后，民国政府搬到北京，教育部曾经把刘宝慈请去在普通教育科任职，鲁迅那时候也在教育部当监事，还在北京大学讲课，所以刘宝慈跟他共过事。刘宝慈在天津中营小学励精图治，生活简朴，他就住在西南角，天天步行到学校。他有一个女儿，常到学校去看他。

刘校长聘请很多有名的教师，其中很多人都是在清朝有功名的，比如有一位刘老师，头发花白，脖子上有块红记，是个秀才。还有一位叫李右如的，教注音符号，我跟他上课很多年，这位李先生戏唱得好，花脸也能唱，老旦也能唱，曲艺也会，他学刘宝全的嗓子特别像。我到现在能打电脑，这个全拼就是他教的——注音符号是他给我打的基础。还有一位王先生，外号叫“王小孩儿”，这是因为他身材比较瘦小，同学淘气给起的外号。“王小孩儿”王老师在中营小学教劳作，泥工捏泥，木工拿竹子刻笔筒。他不只在中营小学教学，也受聘到城隍庙去讲课，在天津是有名的。还有一位教音乐的老师，叫张幼宸。他在日本留过学，学音乐，音乐修养很好，小提琴也能拉，钢琴也弹得很好，是很爱国的一个人。我们小时候跟张幼宸学国歌，什么国歌呢？是上古时代的诗歌《卿云歌》：“卿云烂兮，糺缦缦兮，日月光华，旦复旦兮。”就这四句来回唱。再有就是教我们一个黄自谱曲、李大钊作词的：“亚人应种亚洲田，黄人应享黄海权，青年青年切莫同种自相残，莫叫欧美着先鞭。”我们当时学这个气氛挺浓，这是当时的爱国歌曲。因为李大钊当时去日本留学，看到日本强盛，他就认为日本要是能跟中国合起来反对欧美的侵略那挺好，你别侵略中国，是这么个含义。张幼宸教的歌不少，还弹曲子让大家欣赏，我们那时候也不懂，一弹外国歌曲大家更不懂，就光在那儿听。有时候他拉小提琴，拉《小夜曲》什么的我们听不懂，他就拉西皮流水，他用小提琴这种西洋乐器拉中国的戏曲，大伙都挺兴奋。这个老师思想还是挺先进的，比如说学校里头给学生开会，张幼宸老师给学生排演节目《大路歌》，聂耳作曲，是仿俄罗斯的《伏尔加纤夫曲》那个作的，是当时一个电影《大路》的主题歌。学校里开会唱这个，说明学校挺先进的。

刘宝慈校长也亲自给我们上课，他有个特点：凡是有哪个老师临时请假，他就给替课，什么课他都替。比如说那时候有常识课，常识课老师没来，他就来给我们讲地球、讲日食、讲月食。这时候就让校工拿一个地球仪进教室，一拿进来，他就表扬这个校工说：“你看他多会拿！地球仪往这一拿，分南极、北极，那个地球仪斜着的，北极一定冲着北，南极一定冲着南。”他还讲日食、月食的道理。课外的时间，同学有时候路过校长室，或者在小跨院里看见

· 中营小学内纪念刘宝慈校长的竹生亭

校长了，他就很亲切地给学生讲：“我去过广东，广东那个地方天气热，天气热到什么程度呢？冬天腊八的时候穿着拷纱的褂子、拿着扇子去喝腊八粥。”他是日本弘文学院师范科留学生，从国外回来的时候买了很多自然科学的画图，天文的、地理的，还有很多人体解剖模型，没有脑袋，光有身子，里面的内脏器官一件件都能拿出来，这个中营小学有，天津其他小学可没有。天津中营小学还有个理化的教研室，里面摆着很多仪器，很讲究。

早年刘宝慈教学的时候，每一次作文都是他出题，写好题目把纸叠上，放在信封里，让校工放在托盘上送给老师，老师打开让大家做。要求用毛笔写字，做文言文。有时候冬天下午到四点多天都黑了，他又让校工用托盘送来蜡烛。学生的作文老师看一遍，挑好的送到他那去，他再给批。

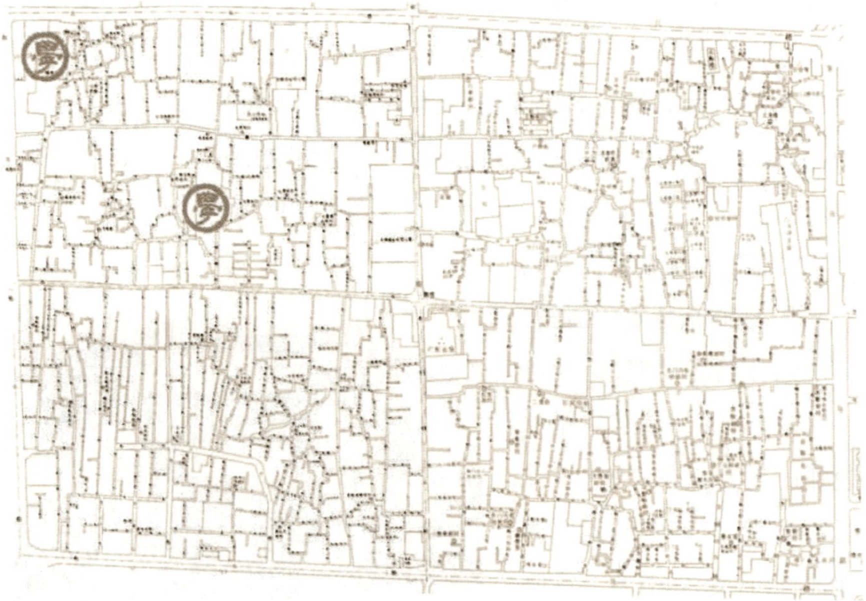

· 当年城隍庙小学(左上)和中营小学(右下)在天津城里的位置

每天中午和下午放学，刘校长必到校门口。各班的学生排队一队队出来，特别是小学一、二、三年级，这三个年级的学生得由家长一个一个领走，他一喊“张国贤家长”，领走。第二个，比方说“陈建伟家长”，来了，领走。学生书包前面有个小插口，插口那儿插着名签。他不用看，都认得。他对学生的安全非常关心。

七七事变以后日本人侵占天津，1938 年春天中营小学复课，我们又上学去了。日本人开始对中国人实行奴化教育，让中国人学日语，中营小学不得不开设了日语课。这套奴化教育让刘宝慈校长非常抵触，但因为那时候是敌占区，日本靠枪杆子推行这套，不执行不行，于是刘宝慈校长就让张幼宸老师教学生唱歌，唱的是《苏武牧羊》，发谱子，发小人书，小人书也是《苏武牧羊》，暗示大家“苦忍十八年”。我们在课堂上不敢说话，课下拿日本人打岔玩儿。日本人派来的会计贪污，被刘校长“抓到小辫子”，就把这个会计给撤了。所以日本投降以后，天津市很多人给刘校长立了一个像，就是因为崇敬他的人格——他爱国，不投降，不当汉奸。他去世时出了一个大殡，有好几千人参加，相当隆重。

中营小学很重视跟家长的联系，每年开一次恳亲会。校长或者学校主任跟家长报告学生的情况、成绩，外面有成绩展览室，展示大小楷作业、作文等等。恳亲会上有很多节目，比如演唱张幼宸老师教的《大路歌》，还表演一些小魔术——实际上就是化学实验，比如弄两个透明的量杯，这个里放点儿这个药，那个里放点儿那个药；这里变茶色了，那里变红色了；然后两个一兑，没色了。再有就是弄一玻璃罐的硫酸，放一个鸡蛋进去，硬壳变软壳了。还有一个节目叫《小怪人》，是两个人演一个人。一个人只露出他的脑袋和两只手，做一个很小的身子，底下的腿则是另外一个人的，两人合作表演舞蹈，还说话。帘一拉开这个小怪人就开始表演了，小怪人说：“报告大伙儿一个不好的消息，棒子面现在三十二个铜子一斤了。”台底下“嘘”的一声气氛都冷下来了。因为当时是 1935 年，日本人大量走私，侵占东北、华北，物价涨得很厉害。于是在这样的情况下，小怪人来一句“棒子面三十二个铜子一斤了”，台底下反应就特别强烈。

再说说城隍庙小学。天津有一个著名的士绅叫林墨青，庚子事变之后，外国人撤退了，林墨青就认为，中国之所以招来外侮，八个国家打中国，是因为当时中国人太愚昧了。你想，画符念咒就能跟那个洋枪洋炮打吗？冷兵器能跟人家火炮打么？所以中国人的武器不如人，思想觉悟不如人，没有科学观念，只有迷信思想，这样的话，不能让中国强大起来。中国要想富强，抵抗外敌，就得靠教育，就得倚仗启蒙，资产阶级启蒙教育最好的办法是办学校。办学校就得投入一些资金，得有房子，没有硬件办不了；得有师资，没有软件也办不了。师资，我们可以招一批培养一批，但是硬件一下招不来，特别是战争以后民生凋敝，没有那么多的空房子，那怎么办？就把所有的庙都改成学校，又破除迷信，又能把学校办好。所以这个叫“废庙兴学”——把庙废除了，把学校办起来。于是就把天津市所有的庙都改了，第一个就改城隍庙，城隍庙是信鬼的，这咱得取消；没改天后宫，因为这个在天津市群众基础太深了。林墨青到庙里去兴办学校，结果被一些老百姓给打了。一般人要是一打，就害怕了，不办了。但是林墨青坚持，他去请示袁世凯。袁世凯支持，以城隍庙为首办了一个，让邓庆澜去接收。接收那天袁世凯亲自到那去。当时袁世凯的身份是直隶总督，他在天津办公，办公地点就是现在的河北区第二医院。他首先到的，严范孙也到了，林墨青也到了。学校办起来了，邓庆澜是第一任校长。把城隍庙办成学校，中营小学的老师在那儿兼课，我舅舅就在那儿上学。学校一边办着学，旁边香火也没断。1935 年那里还办了一次庙会，那边学校上着课，这边卖什么的都有：卖儿童玩具、布匹、日用小百货……

回忆外祖父严范孙如何办教育

◎ 讲述者：卢乐山 1917年出生 严范孙外孙女 曾住严翰林胡同严宅

我外祖父严范孙家本来是在浙江慈溪，他的七世祖是做生意的盐商，后来因为战乱到了离北京不远的三河县，严范孙就生在三河，后来又到天津来落户，那时他大概 1 岁左右，后来就一直住在天津。他在天津住的地方一直没变，就在天津西北城角、天津文昌宫西，以前我们写信地址就写

“天津西北城角文昌宫西严宅”。一进那个胡同，前面就是文昌阁，那边有四棵树，所以又叫四棵树严宅，也叫严翰林胡同——因为他不是翰林么。那个房子一直在那儿，现在都变成工厂什么的了，面目不一样了。以前都是那种四合院式的房子。那个院子相当大，所以办学都在家里头办，有些亲戚也都住在家里头。

· 笔者与卢乐山在其家中

到我小时候家里就已经在那住了很多年了。严范孙跟我祖父卢木斋都是新旧变换时期的人，一方面他们还有封建的思想；另一方面，又有了一些开明的想法。他们反对科举制度，卢木斋更强烈一些，觉得八股文的考试没用，应该实际一点儿，培养有用人才。当时张之洞也是同意的，严范孙很佩服张之洞，认他为老师，他们把意见跟张之洞提了，国家就采纳了，主要是兴办学校，也立了一些教育制度。那时候他们也到日本去了解情况，都有以教育救国的思想，觉得要想国强，还要靠教育。教育办好了，人就会好，国就会强。

严范孙在政界开始比较顺，先是任翰林院编修，后来到贵州任学政，管理教育，培养人才，三年后回京任学部侍郎。后来他不做官了，就自己办学校。他也是搞盐务的，就用经商的收入来办学。他家里头还是很简朴的，只给学校花钱。那时候天津小学有私立第一、私立第二，也有官立的学校已经开始办了。私立就是严范孙这些人筹划的，在家里为自己的子弟开设。开始就是家馆，请老师到家里来，我亲戚的子弟和他自己的儿子读书，还请了张伯苓先生来教书。教了一阵子，就起名叫“敬业学校”。张伯苓过去在水师学堂，会英文，理科的东西由张教，中文方面则由他亲自教。当时因为跟日本有一些来往，他就送儿子到日本去念书，回来后帮助翻译一些日本的教材。同时他也很注意女子教育。他反对缠足。他写过一个《缠足歌》,他的儿媳、女儿都会唱,小时候我也会,所以我的姨们都没有缠足。

他认为儿媳妇、女儿都应该受教育,就办了个女塾,办了一年以后,他就请了一个日本的大野先生(大野铃子)到家里来,住了三年,办保姆讲习所——相当于幼儿师范。还办了个蒙养院,为她们实习用,招的也是亲友的孩子,好些亲戚也愿意把孩子送到这来,都在家里。他在院子里盖了个罩棚——一个高高的大屋子,给蒙养院用。

全国是在1902年有第一个幼儿园的,他这个是1905年开始的。我的母亲严智娴也在这个保姆讲习所里学习,这批学生毕业后成为第一批幼儿教师。后来办了天津女师,这个保姆讲习所才停办。像后来的清华校长梅贻琦的夫人,她一家子就住在严家,几个姊妹都在保姆讲习所。梅贻琦的夫人做的时间比较长,毕业还在蒙养院教书,教了我的表姐,我的表姐又教了我,所以等于是三代人搞幼儿教育。那时候跟我母亲差不多年龄的一代人都在蒙养院工作过。

我就上了两年,那个学校就停了。后来我就到卢氏小学去了。

外祖父跟张伯苓的关系就是从请教师开始的。当时天津有两个家馆,一个严馆,另一个姓王(王奎章)的在天津也是挺有名的一家,也有家馆。张伯苓就在严、王二馆教书。后来这两个馆就演变成了敬业学校。教了一阵,还希望能扩大。于是严范孙就带着张伯苓一起在南开选地。有一块洼地,在西南城角,是一个叫郑菊如的人捐的,就在那片洼地上盖起了南开中学,以后就聘请张伯苓当校长了。

张伯苓的弟弟张彭春最早也在严家念过书,后来在南开,之后又出国研究戏剧,后来又到南开大学教书。

南开学风,不是死念书,比较开放,比如说有话剧团、京剧团等等。我记得那时我在初中一,曹禺在高中三,那时候他叫万家宝,他演娜拉。后来他对这个越来越有兴趣,就研究起戏剧了。张伯苓也很重视体育。那时候南开有著名的"篮球五虎将",董守义就是南开的体育教师。南开也有女中,开运动会都是合着开的,每个人都要参加。我这个人最不爱运动了,参加跳高却还得了奖。市级的运动会都是在南开开的，学校对体育要求很严。校外的球队很多，还有歌咏团。歌咏团我参加过，很开放。我们中午的时间比较长，比如12点钟吃了饭，一直到1点半才上课，这个中间男生就到女生这边来，礼堂里有钢琴，我们就自己组织活动什么的。后来直到我们毕业时，这个团都在一块活动，老师也来参加，整个校风是比较活跃的。南开大学还有个黄钰生，他帮助张伯苓很长时间，而且很有功，他夫人叫梅美德，在中学教高一、高二数学。每年她都把学生请到家里来吃一次茶，她自己烤华夫饼请大家吃。女生都盼着上高一，好能到黄太太家吃东西。所以师生都是这样的一种关系，不是上对下、师道尊严的那种态度。这样的事，好像一般的学校还不容易有。

·严范孙、张伯苓等在美国考察教育时合影（前排居中为严范孙，右为张伯苓，左为范源濂。）

外祖父不光自己办学，对自己的子弟教育也很重视。当时天津有八大家，那些家的子弟吃的、穿的都很讲究。但是像我的表哥，从来都是蓝布大褂，大的穿过了给小的，出去看电影、看戏什么的是从来没有的。吃饭都是固定的几个菜、几个饭。但是他很讲究卫生，因为人多，所以用公筷，端碗也不用手拿碗，而是用一个盘端给人家。吃饭的时候有很多规矩，早点、晚饭吃什么都是规定的，不可以大吃大喝。家里头也没有打牌的。

另外他注意在爱国方面有一些具体的教育。比如我那时候住在他家，文昌宫西有一个文具店，我们小学生都上那儿去买纸呀、笔呀什么的。前头老有一个大牌子写着"不买日本货"。他就给小学生贴这么个东西。他除了搞盐务还有些股票，特别是天津造胰公司——是造中国胰子的，他比较支持这个公司。天津还有个国货售品所，在北马路上，专卖国货，他也有那儿的股份，是股东，他总让子女们去那儿买东西。这些方面他还是挺注意的。

他总是教育人要公正、诚实，管孩子管得很严，比如必须按时起、按时睡，不能高声说话什么的。我们小时候在他那儿念了幼儿园，还念了小学一、二年级，还读他为女儿写的《教育歌》：女儿家，要柔顺，跟着娘，听教训。他还有一个教儿子的歌，教我那些舅舅们。他在贵州那三年，就给我五舅编过歌，后来我七舅给抄下来了，主要内容就是让他好好学习，教他如何为人。因为五舅比较淘气，就专门给他写了。他对自己的子弟、孙子、孙女肯花时间教育。

我记得严范孙有个“九九消寒图”，让我们填，每个字都九个笔画，从数九开始，挂在墙上，每天描一笔，等把这九个字描完了，正好就是九九过完了。我写的就是“庭前垂柳，珍重待春风”。严范孙的两个表弟，一个管账房，一个教写字课。教我们写字的，我叫王七表外公。每天这些孙辈们写毛笔字，写完了，他给评“优、良、可、次”。优就是最好，然后良，然后可，然后次——最差。有金钱奖惩：得“次”罚一个子儿，“可”不奖不罚，“良”给一个子儿，“优”给两个子儿，若“最优”则给三个子儿。我总得不着“最优”，有时候能得个“优”。我有一个表哥严仁华，老得“最优”。我一看他得“最优”了，就去找老师，老师就说“你也不错，你也不错”，结果还是给我一个“优”，不给“最优”。外祖父每个礼拜假装给我们写信，训练我们怎么称呼长辈，怎么写抬头、落款，都是古文的写法——什么什么大人，底下加上“谨上”什么的，让我们练习，写完了他给改错字。

我外祖父对学生很严格，但是不粗暴。他对子弟向来没有打骂。有个严仁颖，外号叫“海怪”，是我的十表哥，他比较淘气、比较闹，在我的印象里外祖父也就是对他罚过坐——没有打，没有骂，就是坐着。他与一般那个时期的老头儿比，是比较开明的。像我们那个卢木斋爷爷，见了面就是训话，不像他。他见面也严肃，但是总用一些方法来沟通。比如拿我们吃饭来说，有时候我跟我五表姐是跟他在一起吃饭的——不是所有的人都跟他吃,因为都分家过了,每个屋子自己吃饭。我这个五表姐,因为大舅早就不在了,她在他家里头最小,就常常在外祖父这儿。我因为老在那儿住,五表姐又跟我一样大,所以我们两个就常跟我外祖母、外祖父一块吃饭。吃饭时外祖父总爱说说笑笑。比方说吃咸菜的时候呢,他说"什香菜,真可爱,大姐买,五弟带,爷爷每顿不住筷",说的是这菜是大表姐在北京买的、五表哥带来的,自己吃起来不停筷子、很爱吃的意思。他就是用这些来跟孩子们沟通。我们虽然也怕他,但是又愿意亲近他。

外祖父晚年腿疼,生了好多瘤子,到协和医院做过手术,但还是腿疼,需要捶腿。他那屋子里有铃,通到外边屋,按几下就是叫谁:三下就是叫三表姐,四下就是四表姐,五下就是五表姐,叫她们给他捶腿去。一听见铃响就知道叫谁,大家也觉得挺有意思。

总的说来,他是封建教育加上点儿新式教育这种,在当时也算是比较新的了。他还能跟着潮流走,比如辛亥革命以后,完全跟着阳历,过阳历年,不过阴历年了;所有人的生日全改成阳历,不磕头,也祭祖,但只是行礼。他去世时,那时候都兴抬大棺材,但他早就吩咐好不要那些,就用车拉。这在那个时候就很革新了,街上好多人都看,没有那种多少抬杠,而是南开的好多学生拉那个带子,那样走的。他嘱咐不要念经,过什么几七几七呀,只是很简单的有个吊唁,大家来行礼。

家里人也不都是上的南开,那时候上学没有人说是严范孙的亲戚就可以上,考不上就是考不上,有留级的,有转学的,都有。严家自己的孩子,不及格就是不及格。我在南开,从来没有人知道我跟严范孙有关系,同学们也不知道。

我和父亲是仓廒街小学校友

◎ 讲述者：戴晓泉 1976年出生 曾住北马路至祥里

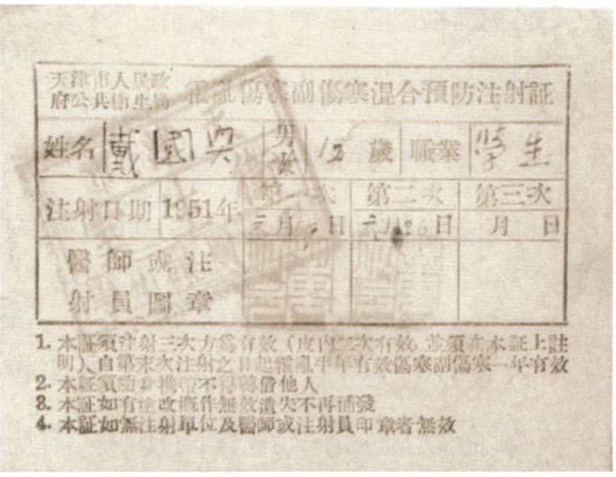

天津市人民政府公共衛生局 霍亂傷寒副傷寒混合預防注射証

姓名	戴國興	男	12 歲	職業	學生
注射日期	1951年	第一次 三月 日	第二次 六月26日	第三次 月 日	
醫師或注射員圖章					

1. 本証須注射三次方爲有效（皮内二次有效，並須在本証上註明）、自第末次注射之日起霍亂半年有效傷寒副傷寒一年有效
2. 本証須隨身攜帶不得轉借他人
3. 本証如有塗改概作無效遺失不再補發
4. 本証如無注射單位及醫師或注射員印章者無效

·1951 年私立明谊小学卫生室发放的疫苗针注射证（图片提供:戴国兴）

我是 20 世纪 80 年代初上的仓廒街小学，其前身是天津私立第一小学校，这个小学跟我们家里的关系挺大。我父亲 20 世纪 50 年代就在这所小学里上学，那时叫私立明谊小学。我们两代人都曾在这所小学里上学。我在这上到五年级时转学到了别的学校，但对这所学校的事情还是记得很清楚。

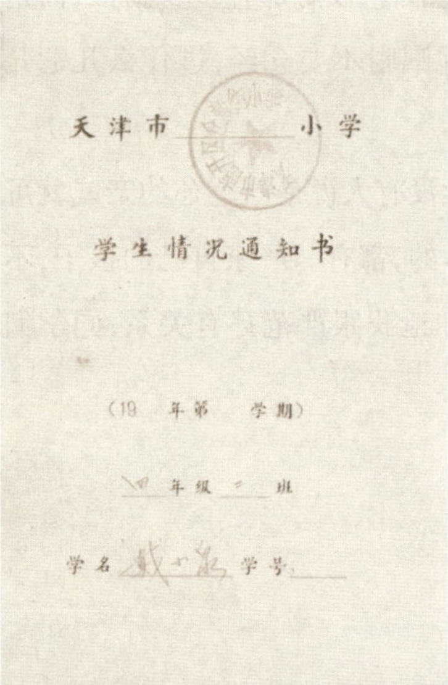

天津市＿＿小学

学生情况通知书

（19　年第　学期）

四 年级 二 班

学名 戴晓泉 学号

·1985 年仓廒街小学发放的学生情况通知书

仓廒街小学守着文庙，文庙里面有一个殿，作为我们学校放体育器材的一个地方；前面有一个小院，里面有八张水泥的乒乓球案子，我三四年级时这个小院还给了文庙。学校配有专门的音乐教室、实验室和图书馆。这是当时严范孙先生从日本回来以后办的小学，是天津第一所私立小学。中营小学是第一所公立小学，是在它以后。

我上学的时候，暑假里学校办过篝火晚会，大概有过两三次吧。还有就是请木偶剧团来给大伙演木偶戏。到冬天，学校放寒假之前，只要是下雪，大伙都到学校里扫雪。其实哪是扫雪，就是让大伙儿打雪仗、在雪地里玩。学校还给准备竹筐、竹子板滑雪用。后来我转到四马路上学的时候，每个人必须准备一个小本，每天留作业老师让必须记在本上。但是在仓廒街小学留作业的时候，老师不让记在本上，就让凭脑子记，也都记住了。

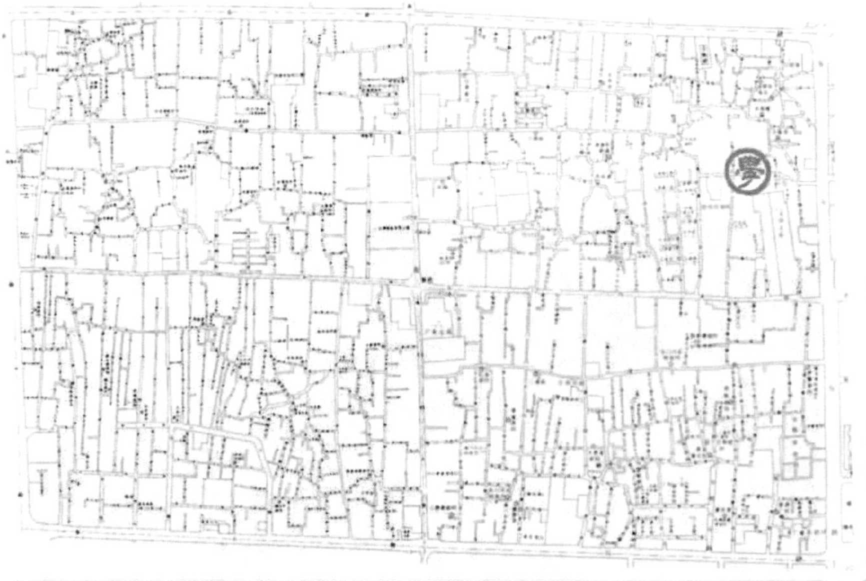

·当年仓廒街小学在天津城里的位置

在仓廒街小学上学时还有两件事情让我记忆特别深刻，一个是选大队委、中队委、小队委。每到选举的时候，老师在班会课上组织同学进行选举，都是全班同学投票。比如，班委是八个人，那么同学们就是每人一票，写八个同学的名字，写好票后，在讲台前有唱票和画票的同学，在黑板的上边并排写上有票同学的名字，经常是从左到右写满了，然后在名字下面依次画“正”字，依票数名次排列，得票最高的是大队委——三道杠，其次是中队委——两道杠，最后是小队委——一道杠。如得票相同并列出八位以上同学时，则对并列之后的几位同学再重新投票。三好学生也是学生们这样投票选出来的，所以同学们都特别信服这些班委或是三好学生。另一个事是，如果某位同学被选为校级或区级三好学生，老师会安排班委会的成员把用红纸写上黑字做成的喜报贴到同学家的门口，每到这时学生和家长都特别高兴。那时的老师也会经常进行家访。

我家很多人毕业于旧县署小学

◎ 讲述者：李弢 1985年出生 曾住河营西箭道

· 1994 年旧县署小学学生的毕业照

我小时候在旧县署小学上过学，可能凡是在那上过学的朋友们都知道，旧县署小学教学打乒乓球出名。我的家里，哥哥、姐姐甚至父母、姨什么的，都是那个学校毕业的，基本上没有一个没学过打乒乓球的。我小时候也打。家里现在有一些六十多岁的长辈，他们现在拿起拍来打球还是得心应手的。

旧县署后街是个胡同的名字，一般资料都说是因为天津的旧县署遗址

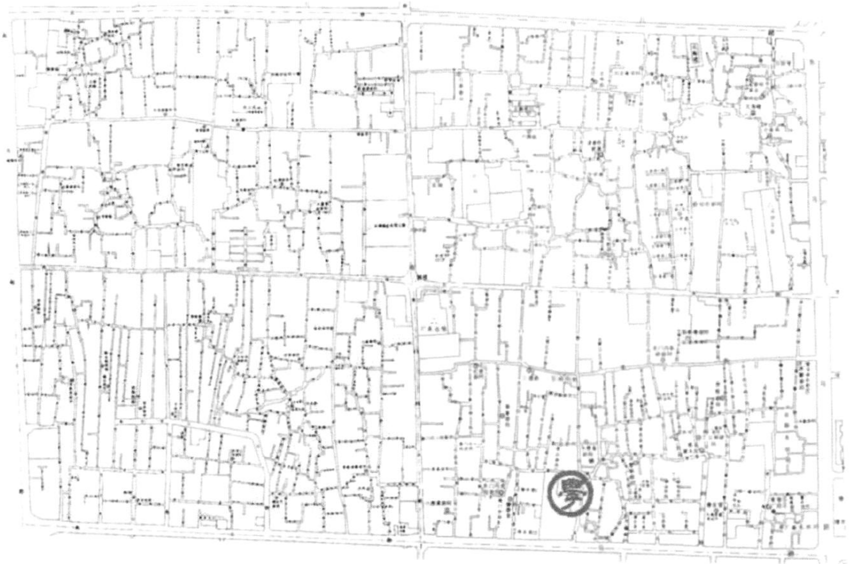

· 当年旧县署小学在天津城里的位置

在那里。但是实际上，那里的旧县署应该是天津的新县署。那个地方现在就是天津市第一中级人民法院。旧县署应该在东北角区域，就在现在老城里博物馆和仓门口教堂的身后——县阁前街。

我奶奶是普育学校第一期学生

◎ 讲述者：王松 1947年出生 曾在北门里户部街群合里包装厂工作多年

我1947年生人，生日阳历是在12月，我们家那阵已经从城里沈家大院那儿搬出来，在西头太平街那块儿买房子了，铃铛阁在我们家房后面。新中国成立前总打仗，我们家就逃到我姑奶奶家了，姑奶奶在东门里二道街那住。老城里的人和外面的人不太一样，过去学买卖的也是规规矩矩的，干什么事一步一个脚印，从来没有逾矩的地方，家里面就特别注重这方面的教育。家里面是这种传统，所以教育出来的孩子也这样：一是要规规

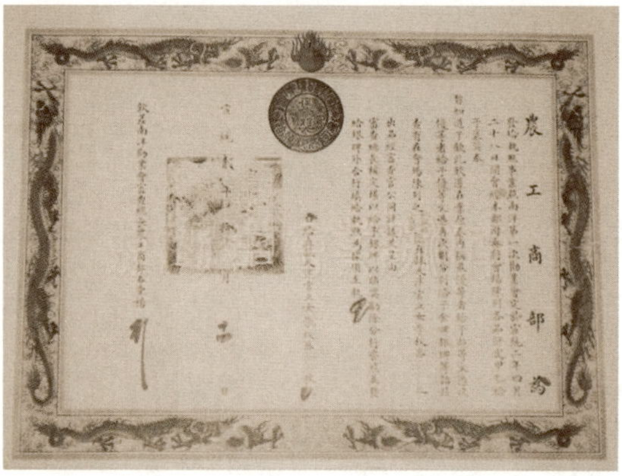

·南洋第一次劝业会银牌奖状及奖牌(1909 年)(图片提供:王松)

矩矩学点儿东西,二是要勤俭持家。

我奶奶叫乔淑昌,是天津八大家出身,但是家里面过日子什么的还是特别勤俭,待人接物也是一样。我奶奶是老城里"私立女子普育学堂"的第一期学生,在板桥胡同那块(1905 年创立在二道街荣

·当年普育学堂在天津城里的位置

家胡同,1906 年搬至板桥胡同)。她上学期间,清廷农工商部在南京开办了万国博览会(南洋第一次劝业会),好多地方都参展了,天津也有人带东西过去参加展览了。当时我奶奶勾了一个小风帽,这个作品在南洋劝业会上得了一个银牌,还发了证书什么的。

我上的是东门里小学

◎ 讲述者：潘佩萍 1949年出生 曾住北马路 东门里小学毕业

·20世纪50年代潘佩萍在东门里小学上学时各班大队委的合影（照片提供：潘佩萍）

我家原来也住在城里，在北马路这块，我们家这边是华北戏院，那边是天津电影院，我们家在中间。我们小时候上城里那边同学家玩，看到的都是高墙大院，房子都特别大，木头大门都是推着开的扇门，小时候就觉得特别气派。我上的是东门里小学，东门里小学在我们那阵特别有名，学校的乒乓球队也特别出名。

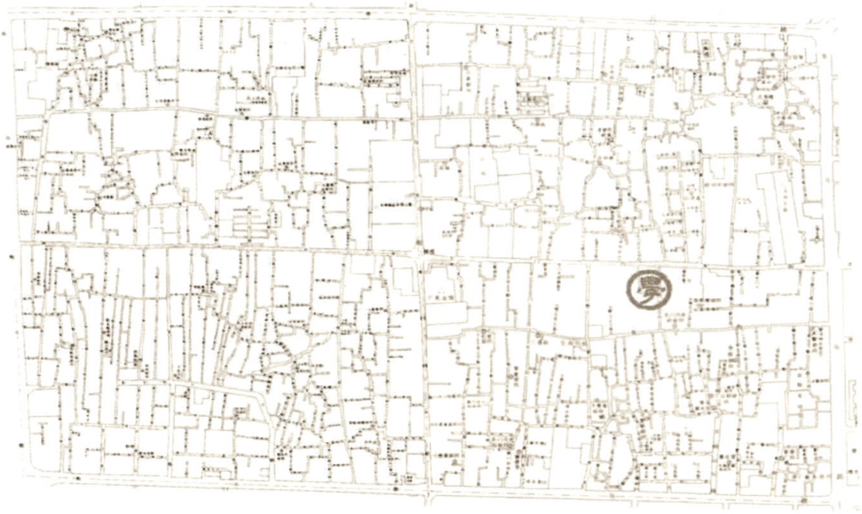

·当年东门里小学在天津城里的位置

老城里的工商业

位处九河下梢的天津，是一座典型的由商而兴的城市。南、北运河与海河交汇，形成了三岔河口，中国的内河航运与海上运输都要经过天津这座“大码头”。便利的航运沟通南北，在南运河沿岸与三岔口一带以及老城中心鼓楼周围率先形成了天津最早的商业中心区。从金店、银楼、当铺等数不清的店铺、字号到后来的综合商场，天津老城厢里的居民们不用走出老城，就能满足自己一切的生活需要。

如今的老城，随着鼓楼商业街的落成旧貌换新颜，曾经的喧嚣繁华被如雨后春笋般出现的大商场代替，化作新的城厢活力。

繁华当属东北角

北门里金店多

◎ 讲述者：魏金城 1935年出生 曾住西门里大唐家胡同

·民国时期金店林立的北门里

从清咸丰到光绪年间，据当时的记载，城里有这么几家金店：三义金店、天兴德金珠店、长源银楼、义勇金店。另外当时还有几家银楼：估衣街有物华银楼，宫南有宜兴银楼，宫北有敦昌银楼。银楼跟金店是不一样的：黄金是硬通货，所以一般老百姓家并不热衷，只有一些贵族、富豪人家作为收藏或者用于馈赠；银饰品就不然了，比如给小孩儿打个银锁、银项圈，妇女打个兜兜链或者手镯，都挺普遍，因为银不贵。这几家金店、银楼有个共同特点：凡是金店都在城里，凡是银饰品卖家都在估衣街、宫南、宫北大街。这就跟天津的特点联系起来了，也就是说这跟天津市的漕运有关系。因为很多漕运工人把粮食运到天津——当然不光是粮食，还有其他货物——到北大关得登记、缴税。这些工人有时候一等就等一个礼拜、俩礼拜，甚至半个月、一个月，因为漕船太多，卸货也是要排队的。在等待的时候船上的工人没事干就得上岸，所以就造成侯家后这一带兴旺起来了——说书场、狗不理包子铺就在那儿建起来了。这个银饰呢，就是有些船工到这儿来领到工钱后，想给老婆打个手镯、链子什么的带回去作为礼物，所以银饰品店就在海河南岸存在。

可是金店不然，金店都在北门里了，这其中的主要原因就是北门里安全。黄金是贵重金属，是硬通货，一般民间不做流通，有点儿黄金就了不得了。做这种东西的人防范意识比较强，一般不敢在人群密集、没有安全保证的地方开店，怕被盗、被抢。北门里当时有城门，晚上关门，而且北门里是天津卫部队所在的地方。天津当时不是分三卫么，中卫就在北门里的大仪门门口，那儿有部队，所以北门里那个地方比较安全。再有就是，当时买金货的都是富豪人家，八大家都在城里了，因此金店就开在城里。八国联军入侵以前就是这种状况。到了八国联军入侵以后北门里被抢、被烧，几乎都成废墟，之后又慢慢恢复。

金店有两大体系，一个是宁波帮，一个是天津帮。当然天津帮是主要的。宁波帮的代表人物姓严，叫严信厚，是浙江宁波人，这个人本来在上海，为什么到天津来了呢？上海有个巨商叫胡雪岩，他在胡雪岩手下的银楼里头是个文书。这个人很聪明，擅诗画，交际也广，得到了胡雪岩的赏识，胡雪岩就派他到天津来给李鸿章送礼。他来了以后，因为能说会道，李鸿章很喜欢他，就把他留在了天津。以后他就集合一些宁波人干了银行业，还在城里干了一个物华金店。以后又挪到当时的日本租界——就是百货公司、梨栈那一带。

金店的业务一般主要是做金条，另外做一些金饰品——戒指、项圈等等，但是这种饰品比较高级，老百姓一般买不起。当时还有一些新疆、陕西、甘肃、宁夏的矿工，这些矿工干活老板一般不给钱，给的是荒金——就是包含着金的沙子，拿这个当工资给。矿工把荒金带到天津以后就交给金店提炼，提炼完变成金条带走。再有就是有人将家中的一些条子、锭子等等进行倒卖。之后出现了黄金市场，有少数人以洋行为基础，在天翔后门那块儿专门倒卖黄金、操纵黄金市场。北门里成了黄金街，但是天津市最繁华的地方在北门外，我们把它形容成一只“蜻蜓”：北门里是蜻蜓的头，北门外是蜻蜓的身子，河北大街是蜻蜓的尾部，两边——估衣街、针市街是蜻蜓的翅膀。

当然干金店也很不容易，有时候一些无赖、警察也寻衅滋事。比如说当时伪满的汉奸做特高科的大官，他逮捕了很多小偷，到一定时候，他就让警察带着小偷到金店。这个小偷就说："我偷了一个金戒指，卖给你们了。"小偷随便一指说："就卖给他了！"其实根本就没有这个事。被小偷指认的人当场就傻眼了。警察就说："好，看这个事怎么办吧！不行，连你一块带走！"能怎么办呢？金店就得拿出一个金戒指作为赔偿。其实这就相当于警察联合小偷一起来敲诈金店，这叫"描金"。当时这种事很多。

到20世纪40年代，说北门里是金街是有一定道理的。当时北门里西侧的首饰铺有三义、凤翔、太和，还有一个抱金钟，做你给我旧的我给你打成别的样子的业务，东侧有同义、三洋等等，加一块总共十二家。当时北门里所有的买卖加一块是四十八家，金店正好占四分之一。

·西门里大唐家胡同

我住在西门里大唐家胡同旁边，那是我姑姑的房子。我姑姑的公公干保险业，人称"凤凰张七"，发了财盖了一所房子，在范竹斋家斜对过。从我记事起就已经没有什么"东门贵、西门贫"的说法了，东、南、西、北四门不分穷富，壬子兵变以后真正有钱的人都走了。有钱人家都搬到租界地了，所以剩下的四条街几乎都一样了。

范竹斋是搞棉纱的，是北洋纱厂的大老板、头号人物。这个人很能干，据说他们家里供了一个煮饺子的担子。他们家祖上是做小买卖的，他们家供这个东西作为对祖先的纪念。

再有就是西门里靠外的郑菊如。他留学日本，是耀华中学的教务主任兼国文教员，在北洋大学当过教授。当时天津市有第二图书馆，他为保护图书不受潮做了大量工作。他还捐了十三亩地盖了南开中学——那块地

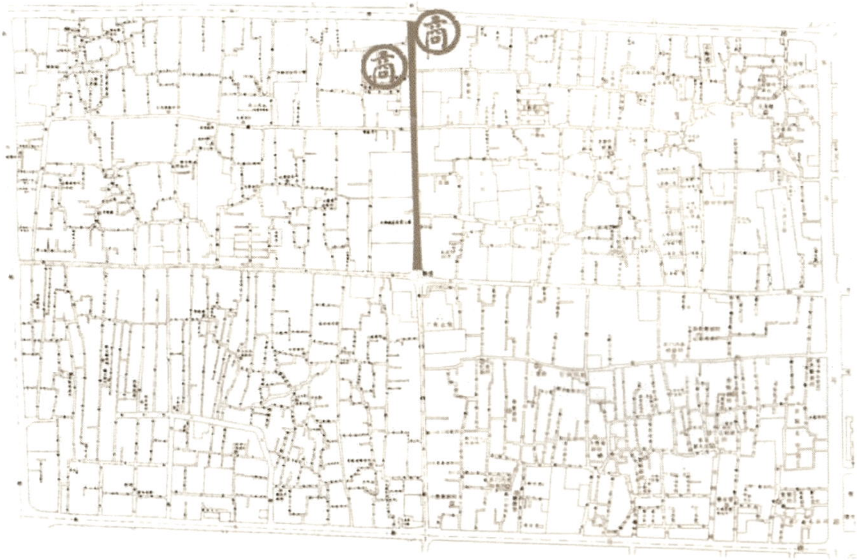

· 当年金店集中的北门里在天津城里的位置——左为凤祥金店，右为正阳金店。

是郑菊如捐给严范孙的。南开中学对面的那个游泳池和操场则是鲍贵卿的地。张伯苓托人请鲍贵卿半捐半卖地给了南开。新中国成立以后郑菊如被周总理亲自点名成为中央文史馆的馆员。这位老先生学识渊博，做了很多慈善工作，跟华世奎、林墨青都有交往。

偶得橙子始发家

◎ 讲述者：王跃茗 1973年出生 曾住津道后

我印象里每次去老城，都从官银号菜市进去。那时候菜市的顶子是木结构框架的，一进去挺暗，而且腥味儿挺大。一进去左手有一家是卖鱼的——钱家鱼铺，据说有上百年的历史，他们家的鱼是老城里最好的。官银号菜市旁边是五和商场，在东马路上，只有两层对外营业，但是在那一带算是商业中心。我有一个同学姓房，有一次聊起来，他说他爷爷是五和商

·民国年间的五和商场

场的股东之一，当初就是五个出资人投资盖的商场，所以叫“五和”。

我大爷以前在一家私营的货栈做会计。听说年轻气盛的时候还跟脚行打过架。当年我听我大爷讲过一家人发家的故事：他们家祖上也是在那一带做货栈——就是物流公司的意思。那时候都顺着海河走船，那个老爷子从南方大运河运过来一船橙子，接完货之后没人来领。那时候也没有电话什么的，你本主不得到这儿来勤问着点儿么？可就是没人来取。货卸完就搁到货栈里了，时间一长，橙子就烂了。这可怎么办呢？咱把这个卖了吧，记着一共卖了多少斤，合多少钱一斤，假如本主来了好能有个交代。卖完之后，钱就在他这儿放着，可本主一直都没来。后来遇到战乱，这家货栈出现危机了，拿这笔钱先顶上来，老板说，等人家来

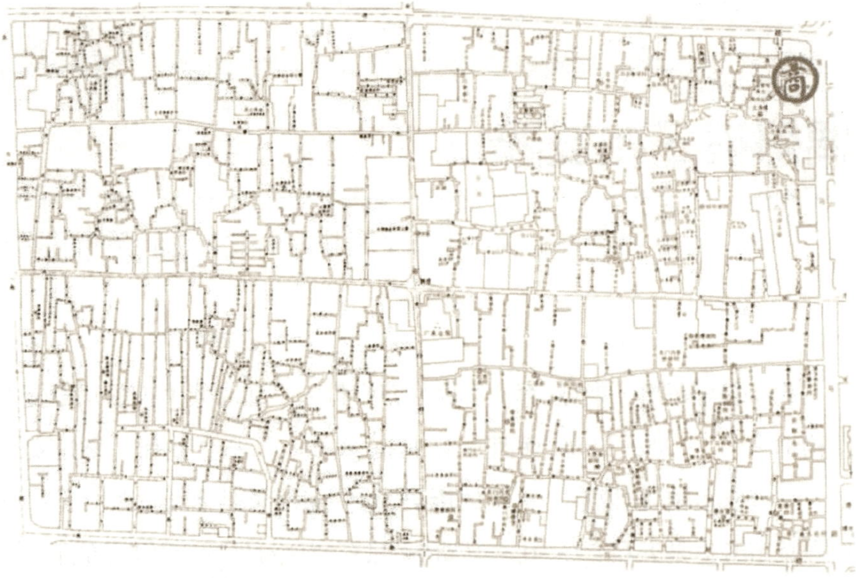

·当年五和商场在天津城里的位置

了我再还。就这么着，这家店又缓起来了。奇怪的是，一直到老头死，这批橙子的本主始终就没来，可他们家后来就从这儿发展起来了……

鼓楼附近好繁华

◎ 讲述者：何志华 1939年出生 曾住经司胡同

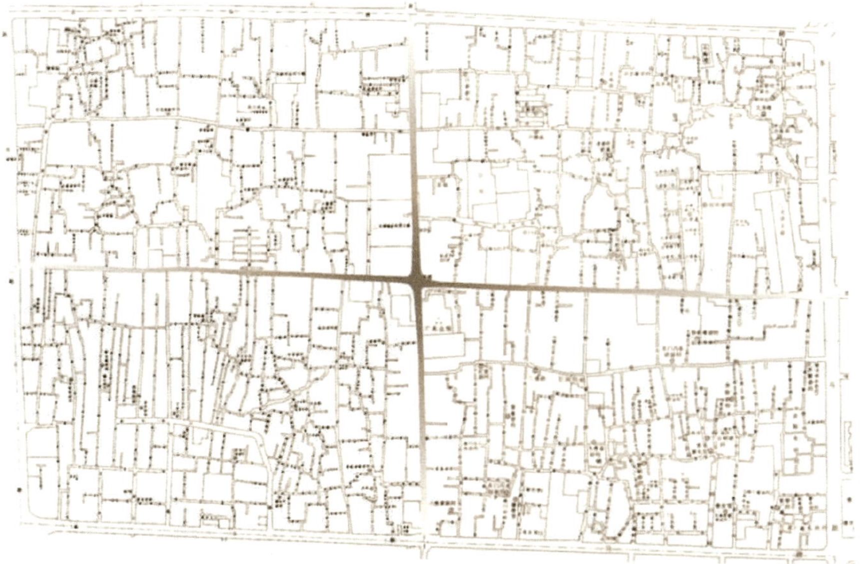

· 鼓楼在天津城里的位置

老城里原先有铜铺，位置就在鼓楼下面。那阵儿用的脸盆多是铜的，坏了需要到铜铺修理。还有扎纸人的、做白事的。鼓楼东，除了文具店、药铺、百货店以外，典型的行业就是赁货铺。光对两种行业租赁：红、白喜事。红事、白事都是一条龙：搭棚的、管桌椅板凳的、租轿的、举着旗锣伞扇的、敲锣的……这些工作人员都是赁货铺的。鼓楼西，是当铺、棺材场。北街光是首饰楼和金店。鼓楼南，能看见老式的西方马车，棺材不是抬着了，是搁在洋马车上，扎着白花、蓝花的三匹大马漂亮极了，把棺材一直拉到坟地。我爱在南门脸儿看落差儿——“差事”的“差”，南市或者下边出殡，拉到西营门外，送丧的队伍在南门这儿开始，亲戚下来了，仪仗就不再跟着了，朋友们也都回去了，租的这些东西就都往回撤了。越有钱的人家，出殡的排场越大。

天津城里的老当铺

◎ 讲述者：金彭育 1945年出生 姥姥家曾住宫北大街杨家大院

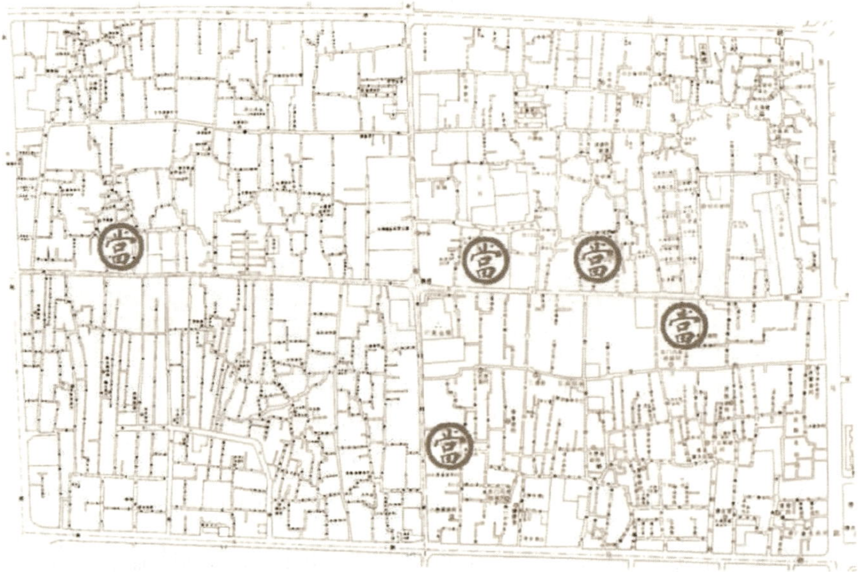

·文中涉及的当铺当年在天津城里的位置（从左至右依次为德华当、中昌当、同聚当、日升当、庆德当）

我姥姥家住在宫北大街11号，那时叫杨家大院，是长源杨家族。长源杨家族来自陕西的长安，清朝时来天津的，盐商起家，后来从事多种行业。“长源”这两个字是怎么来的呢？是因为他建了个长源银楼，卖银饰品。长源杨属于老的传统八大家，财大气粗，建了好多当铺，这是他的一个大产业。旧社会说“要想富，开当铺”，可见当时开当铺是个非常赚钱的行业，但一到乱世，损失也大。八国联军打进来的时候，天津卫有当铺四十多家，多数遭抢了。到1912年壬子兵变时，损失更大了，农历正月十四的傍晚，哗变的士兵彻夜抢劫市场，抢的都是大当铺。

现在鼓楼南街那块有个中昌当的遗址，就是当年长源杨家族的三大当铺之一。历史上这个家族开的当铺有四十家左右。当年天津典当业非常兴旺，20世纪20年代至40年代，老城厢当铺主要有十二家，中昌当是最老的，1905年成立，规模在老城厢也最大，经理叫张子淮，当时南门中昌当就有鹤立鸡群之势。当时还比较有名的是德华当，1932年成立，位于鼓楼西街。和顺当开业于1925年，位于北门里。元祥当和裕生当都位于西北角这一块，在老城厢里面，分别开业于1932年和1933年。还有鼓楼东的同聚当，再有就是日升当和庆德当。

·鼓楼南街上中昌当旧址，翻建后恢复了外立面的样式。

同聚当在东门内大街172号，开业于1921年。庆德当位于石桥胡同，经理叫金云溪。关于他，还有一件很有意思的事广为流传，后来电视剧里也用到了这个素材。那是1913年的时候，柜上收了两串高级的珍珠，当时认为很高档，当价400元——这不是一般的价格。收回来之后一看是假的，打眼了！收当的人懊悔不已。经理说没事，安慰下边收当的人说“你不用担心”。后来金云溪就出帖子请客，把熟人、朋友都叫来了。这里面有很多都是古玩店、珠宝商行的，还有当铺经理，人挺多。酒过三巡、菜过五味之后，金云溪就拿出这两串珍珠给人看，说以后你们大伙得留神，别像我这样打眼了，叫人骗了，我收了两串珍珠是假的，当了那么多钱。结果当着大伙的面把珍珠扔到火里了，大伙儿都非常惊愕。十天之后，当主就拿着票来赎珍珠了。当铺把原物给当主的时候他很吃惊。问："这就是原物？""对！就是原物。""那你烧的是什么？""我烧的是假的。"结果当主懊悔不已，直说："栽了，栽了！"原来烧珍珠是金云溪的一个计谋。

我小时候看见过当铺，柜台比较高，有木栅栏，显得威严气派。每个当铺都有掌柜、二柜，还有坐柜、司账各一人。另有外账、内账，其他还有库房、杂物、学徒。一般规模不是特别大的，也有十几个人，是个赚钱买卖。死当物品出售渠道也很多，转往金店、首饰店、拍卖行、古玩店等都行。

我差点儿住进东安市场

◎ 讲述者：张显明 1935年出生 曾住仓廒街德善里（维善里）

·2003 年拆迁前的东安市场旧址

在东马路上有个东安市场，有个北洋商场，有个天津商场，还有个北海楼，这些建筑结构都差不多，很像一个大四合院上搭了罩棚那种感觉。比如说北海楼吧，这个楼有四面，北马路有个口能进去，进去整个是一圈，都通着。每层都是一间间的屋子，干嘛的都有：有做买卖的，有算卦、相面的，有抽大烟的大烟馆什么的。只有一楼有个口能进去，二楼上面能转着圈地遛，三楼都是玻璃窗户，没有房子，就是个铁罩棚子。

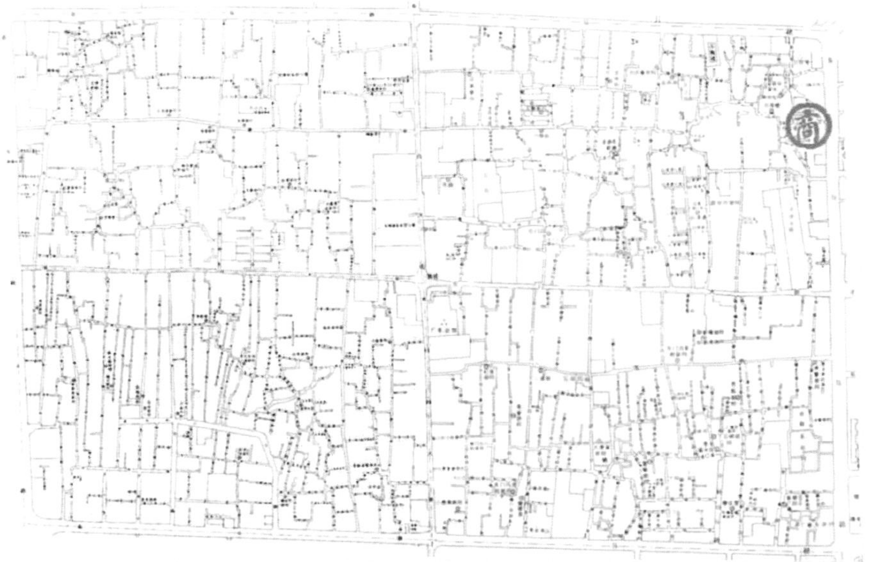

· 当年东安市场在天津城里的位置

东安市场门挺小的，我也进去过，就像个大四合院，四面都是房子，跟北海楼那个格局差不多。

为嘛去东安市场？就因为单位想让我住进去。当时单位分房，给我俩地方让我挑，一处是仓廒街德善里，就是以前修志局的那个院子，那个院是平房；另一处就是东安市场，这里边是楼房。单位跟我说："你愿意要哪间就要哪间。"我两边都看了看，东安市场里面根本就是个大杂院了，太乱，有六七十家，楼上楼下的。仓廒街那个院子比较清净，也就七八家吧，我一看就住这个修志局院子里了。

我爷爷的茂林号玻璃铺

◎ 讲述者：戴晓泉 1976年出生 曾住北马路至祥里

据我的父辈讲，我们家以前是做玻璃生意的。我爷爷戴松山 1903 年出生，在老家上过几年私塾后就到天津投奔亲戚学做买卖，开始是在北海楼里，算起来应是民国初年，那时北海楼开业不久。当年在天津的亲戚是他的叔辈，叫戴文元，曾是天津玻璃行会的副会长，开的字号是“聚兴义”，现在在《天津商会资料汇编》中能查得到。

由于肯吃苦、脑子快，爷爷很快得到了戴文元的器重，买卖学好后就被派去东北哈尔滨，在那里逐渐将买卖做起来了，有厂房，也有门市，我父亲哥儿几个都是在那里出生的。据说那些年的夏天要从关内给职工们买西瓜，每年都要买一车皮的西瓜。卢沟桥事变后，日本人加紧盘剥，东北的生意越发难做，时常有日本兵或伪军到柜上抓劳工，从老家来做工学徒的伙计躲藏不及就有可能被抓走，很多人就偷偷地回家避祸了。20 世纪 40 年代初期我家举家迁到北京，继续经营玻璃生意，当时家住在高碑胡同，现在的位置是人民大会堂后身，为了联系业务方便，家里那时就装了电话。1949 年解放军围城时家里人为了避风险，让我的大伯带着几个老家来的人出城，几乎是步行，回到衡水老家。1981 年夏天时我曾回到北京高碑胡同老宅那里住过几天，还记得曾和家里的几个小孩带着凉席铺在人民大会堂下面的便道上乘凉。

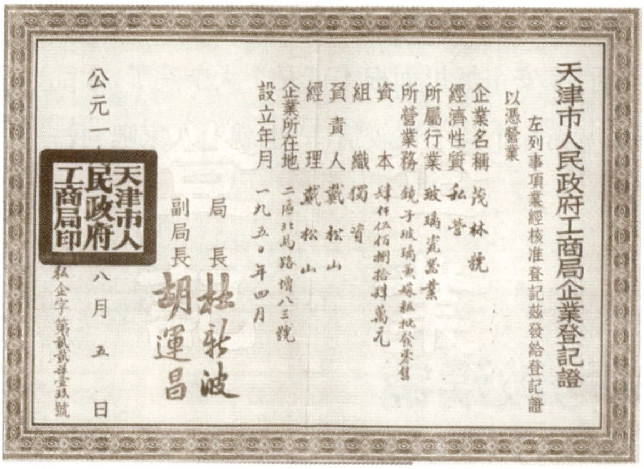
天津市人民政府工商局企業登記證
左列事項業經核准登記茲發給登記證
以憑營業
企業名稱 茂林號
經濟性質 私營
所屬行業 玻璃業
所營業務 鏡子玻璃兼營批發零售
資本
組織 獨資
負責人 戴松山
經理 戴松山
企業所在地
設立年月 一九五〇年四月
局長
副局長 胡運昌
天津市人民政府工商局印
公元一 八月 五 日

·1954 年天津市人民政府工商局颁发给茂林号的企业登记证

新中国成立后，大约在 1950 年，由于“聚兴义”分伙，我爷爷带着家小回到了天津，在距北海楼不远的地方创办了“茂林号”，经营玻璃镜子等。那是邻着北马路的一幢联排的二层楼，每层有五米高，每一户都有独立的后院和楼梯，一楼是门市和仓库，楼上是居住的房子，我们自己是一户，有独立的电表和自来水，同时也备有大水缸。那时一到饭口常有税务的或工商的到店里蹭饭吃，但都特别客气。我父亲记得，那些人来了看见他都满脸堆笑，“少爷”长、“少爷”短的，有时他会被我爷爷派去步行到西头催镜框作坊尽快交货。爷爷在这里本分地经营着自己的铺子，一心想着在那里安度晚年。在1956年时“茂林号”被公私合营，我爷爷六十多岁退了休。20世纪60年代初节粮度荒时，家里不少东西都被卖了换吃的，我父亲印象最深的是，我爷爷把家里不少东西都换掉买了好多干菜，吃了很长时间，但总算没饿坏了人。过了几年，日子就变化了。

我父母1975年时在北马路的房子里结婚，转年我出生了，还没过满月就地震了，房子的前脸儿闪出去，不能住了，在市内辗转了几个地方住“临建”，“临建”里冬天冷、夏天热。还记得我小时，已卧床不起的奶奶从床头拿来盛点心的小锅，让我挑点心吃，我一开锅盖，“噌”地窜出一只老鼠，奶奶无奈地笑着摇了摇头。1982年春节前，北马路的房子翻盖好后我们搬了回去，但奶奶在前一年的夏天已因病在“临建”里过世了。虽说原来家境还算可以，但经过那些年的折腾，除了两间房子和空柜子已没有什么家当了。现在家里的东西都是后来一点点置办的。我在北马路的新家中从6岁住到了18岁，1994年因修建内环线，我家从北马路搬走了。

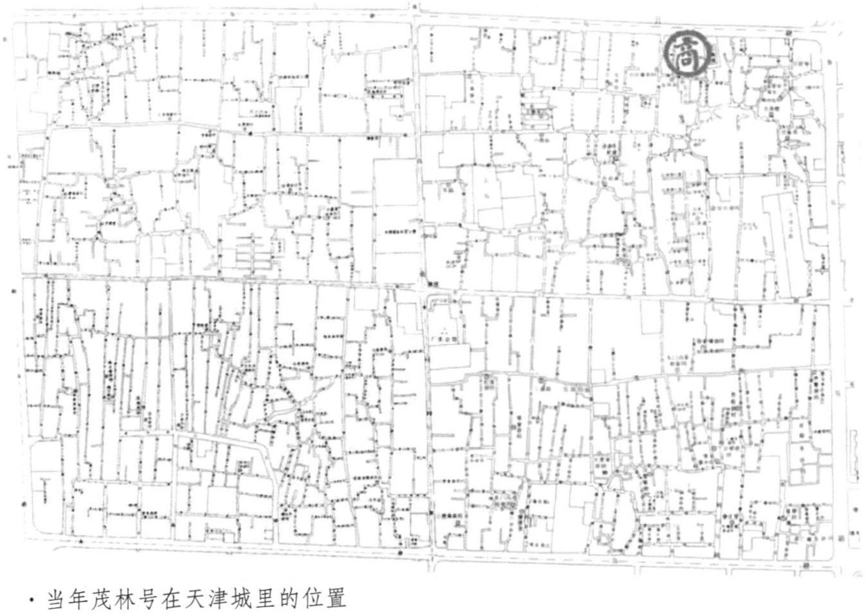

· 当年茂林号在天津城里的位置

胡同是我家

胡同是历史的产物，它见证了城市的兴衰发展。天津老城厢的历史、文化、民俗、典故在几百年的街道胡同里巷中得到积淀，每条胡同都有说不完的故事。

老城厢里，每一个院落都走过上百年的沧桑岁月。这里，蕴藏着最浓郁的天津味儿；这里，承载着最厚重的天津历史。

再次寻访这些记忆中的胡同人家，重温这些故事，犹如进入一座座历史殿堂，使人驻足徘徊，流连忘返。

胡同中左邻右舍

我们都住大栅栏

◎ 讲述者：冯利津 1976年出生 曾住西门里大栅栏胡同
张文魁 1948年出生 曾住西门里大栅栏胡同

·2003 年拆迁前的大栅栏

冯利津：大家都知道北京有个大栅栏，实际上天津也有，我家就住在西门里大栅栏（胡同）。西门里再往前走一点儿就到中营小学了，从我爷爷那辈就在那儿住。我从上大学之后就不在那儿住了，后来毕业之后那里就拆迁了，但是别管什么时候做梦，梦见家里有什么事了，一回家，就是回老城里那个家——对那里确实是有感情的。让我感觉特别不同的就是那时候人和人之间的关系。我们家是门脸房，没有院，但是旁边基本都是院。因为都是平房，所以跟周围邻居的关系都特别近，而且小孩儿也多，一写完作业，就找不着人了，都跑一块玩去了。我妈妈、我奶奶找我回家吃饭，门口一喊，我不定就从哪个屋出来了。到各个家去串、去玩，就跟回自己家一样。尤其是到了夏天，只要天一擦黑，这胡同两边的躺椅、行军床都铺满了，大家都在外面乘凉，扇扇子、下棋、打牌。晚上吃饭，饭桌也都搬出来了，从跟前儿路过就能看见你们家吃什么、他们家吃什么，感觉人和人之间特别亲近。

我上小学、上初中，就没离开过老城里。小学叫西门里小学，后来可能合并到中营了。老城里以前小学挺多的，西门里、东门里、北门里、中

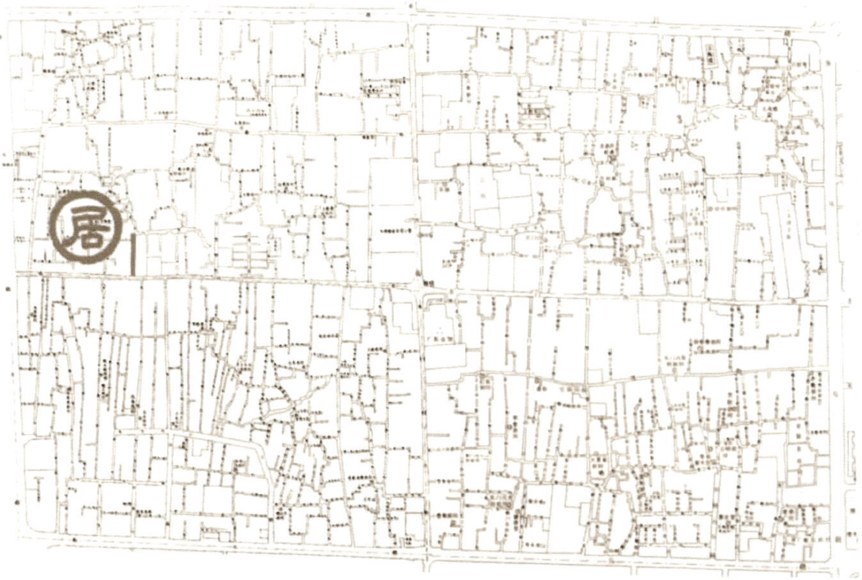

· 当年大栅栏(胡同)在天津城里的位置

营……好多个小学。我初中上的是九中,也没离开老城里。学校进去之后,左边是广东会馆,右边就是我们学校,广东会馆等于就卧在学校里头,甚至连广东会馆做卫生的时候都让学生去做。我们存自行车的地方就是广东会馆的两条小走道。现在九中已经搬走了。高中我在南开上,离着老城也不远。

老城里地势低,一下雨就积水,就能看见从胡同里往外面流水,我们家高一点儿,有三四阶台阶,一下雨可能就淹了一两阶。北大水沟为什么叫大水沟?就是因为存水么!还有一个北大水沟胡同,那块地儿可能更低一点儿。西门里进来,右手是大水沟胡同,左手跟它对着的是北大水沟胡同。

我们这有好多大院,都是以前大户人家的院子,好多院都是通着的,从这边院门进去之后,从那边院子就能出去。基本上老城里的小胡同我都走过,小时候觉得挺宽的胡同,后来看着觉得特别窄。小时候到城厢礼堂看电影,那边有城隍庙,旁边就是府署街中学。一进西关街就有市场,西门里两边都是市场。温家宝总理的老宅也在西门里。

张文魁：我和冯利津他们家是邻居，院里头最初有四户人家，后来是五户，最后是六户，三间变两间，两间变一间，户就多了。但是大家都特别友善，哪家有事就都来了，也不管吃、不管喝、不管烟、不管酒，干完活儿大伙就散了。那时候冯利津他爸爸跟我说，老爷子——也就是冯利津他爷爷够呛了，那时候家里基本都安电话了，我说："有事告诉我，大半夜的你也别喊，你给我打个电话。"有一天半夜三点多电话响了，我就知道冯伯伯坏了，赶紧起来去看……我跟他爸爸那才叫"发小"！

七旬老人忆童年

◎ 讲述者：何志华 1939年出生 曾住经司胡同

·2003 年拆迁前的经司胡同

文庙西边的经司胡同——现在叫儒园，两面有箭道，后面有仓廒街、府署街，还有小学。江苏会馆就在仓廒街上。乡祠那个卞家就在龙亭那个位置。

那时候的大杂院，一家有事，全胡同跟着忙。我还记得有一个姓魏的婶子——我们都叫她魏婶，一有白事了，她就张罗人给缝孝袍子；谁家一结婚，她也给忙活。院子里谁家有事，就有别家找你来了，说："用我们家屋子吧！"一个院八户有八个煤球炉子，晚上六点来钟吃完饭，各家把炉子灭了，都在院里坐着。

我们就乐意下雨闹水，他夹一个炕单子，我拿一个破凉席，铺上过家

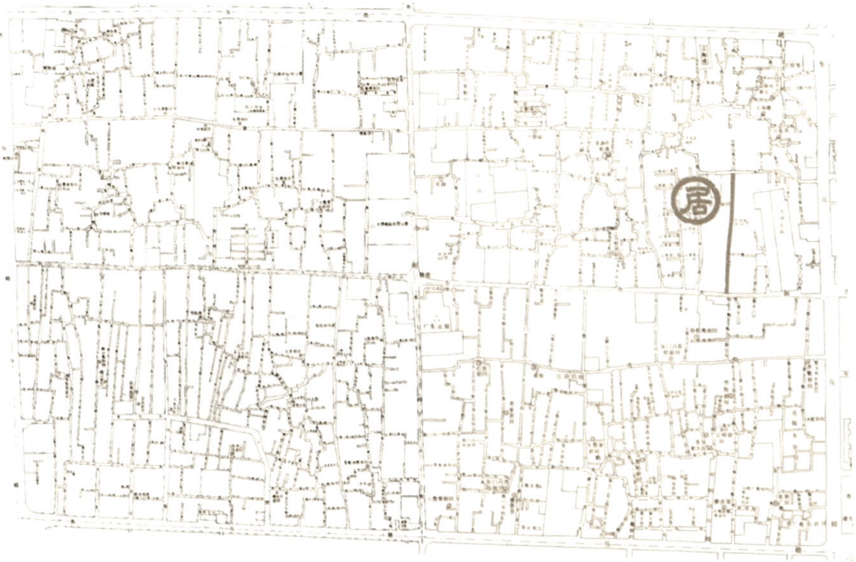

· 当年经司胡同在天津城里的位置

家。夏天不正卖着瓜么，家大人买了，我们把它去一个小盖，拿小勺把里面的瓤都掏着挖着吃完了，瓜子都留着，晒窗台上。这个瓜就等到闹天，刻完字，搁上个洋蜡，用绳穿上，打着当灯。越下雨小孩儿们越欢！再有就是吃完冰棍，把那木棍也留着，用猴皮筋捆上，做船、做枪……一晃，七十多年过来了。

一家有事多家帮

◎ 讲述者：王锐 1976年出生 曾住仓门口

那时候一到假期比较长的时候，就是家里做大工程类活计的时候，比如说刷浆、给门窗刷油漆。那阵儿有活不是自己一家子那么几个人干，而是邻居们都来帮你一块干。比如说我们家定好了“五一”节干活，这街坊四邻的壮劳力到时就都过来了，也不用给钱，就是晚上一块儿吃个饭、喝个

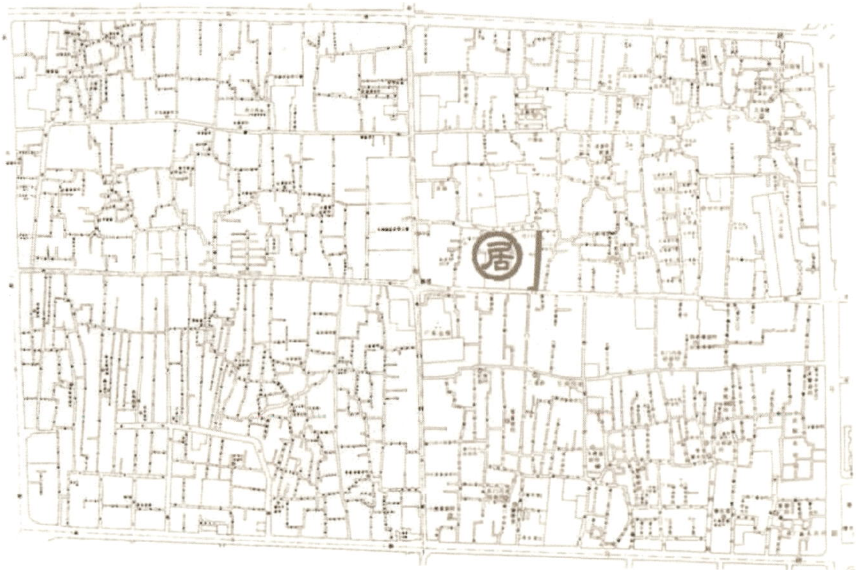

· 当年仓门口在天津城里的位置

酒就完了。邻里感情特别好，谁家有事各家各户都能够帮衬一下。

战争年代的石桥胡同

◎ 讲述者：苗谊明（兄） 1942年出生
苗贵明（妹） 1946年出生 曾住东门里二道街解元里

· 1990 年春节苗谊明在石桥胡同旧居门前放鞭炮

我们住在东门里二道街，东门里算头道街。跟东门里大街平行的是二道街。二道街靠中间的位置有个解元里，当初这个小胡同里出过一个解元，所以这个小胡同就叫解元里。在叫解元里之前，这里叫裤裆胡同。因为出了解元，这才改名了。我们早先就是住在那儿，我父亲在那儿租了一个门脸儿修收音机。

我从小身体就特别弱，总吃中药，大人拿勺喂我，药特别苦我不吃呀，大人怎么哄我呢？煮一点儿大米稀饭，拿一个大米粒放在勺中间，我一看吃大米饭了，就把药也一起吃下去了。天津本来吃小站稻，日本人占领天津时小站稻全都归日本人，不许中国人吃。于是有农民在衣服下摆缝一个口袋放上大米偷着卖。不论斤，拿个小碗，称一瓢卖多少钱，不能让日本人发现。那时候家里人为哄我吃药，就熬一小碗稀饭。吃饭就吃那种豆饼——炸完油的豆子做成的饼，放在火上烤了吃，吃完了会大便干燥。

·1990 年的解元里一号院内，苗谊明和老邻居聊天。（图片提供：苗谊明）

日本人投降了以后，国民党来了，那税真是多，没完没了地征税。解放天津的时候，解放军往城里打炮，打的都是空炮，“咣”一个炮弹，但是它不炸。我们那个石桥胡同院里就落了一个炮弹，大家吓得不得了，但是炮弹不炸。我们就钻到铺板底下用东西使劲抵着门。因为国民党的败兵走的时候总砸门，砸完就抢东西。我们家的门临街，就把门锁得死死的。

后来我们住的那个院子被解放军驻军了，我们搬到南屋去了，把西屋、北屋、东屋都腾出来了给他们驻军。我们家那个屋比较小，结果就住了一个当官的，他拿小碗泡了一碗饼干，泡完他就出去了。我那时小，一看饼干挺好吃就吃上了，我吃的时候他回来了，就说：“好吃吗？吃吧！”我那会儿也就七岁，对这个记忆特别深刻。他们住了时间不长就走了，走时一再说“给老乡们添麻烦了”什么的话。

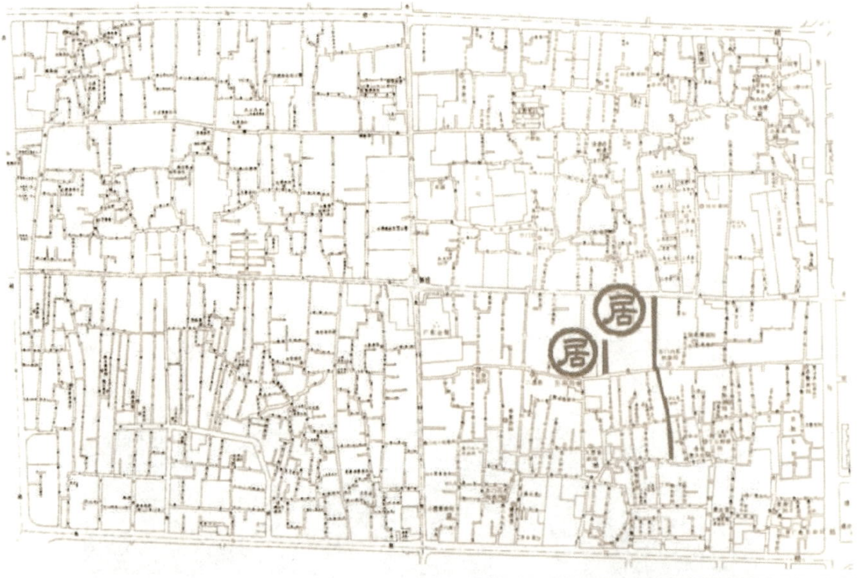

·当年解元里（左下）和东门内石桥胡同（右上）在天津城里的位置

胡同中的洗澡问题

◎ 讲述者：穆锦明 1975年出生 曾住东门里石桥胡同

老城里的院落有一个特点，就是很多都是门脸小，但是院子老大了。我们家旁边就是一个大厂房，是加工金属部件的铁工厂，只有一个特别小的门，就一个人的宽窄，可进去后就特别大。还有澡堂子，叫东门里浴池。我就想，那里面的东西要是坏了，搬都搬不出来呀！那里面还有一个衬衣厂，为了解决洗澡的问题，他们从东门里澡堂子买水，从我们家房子上面弄

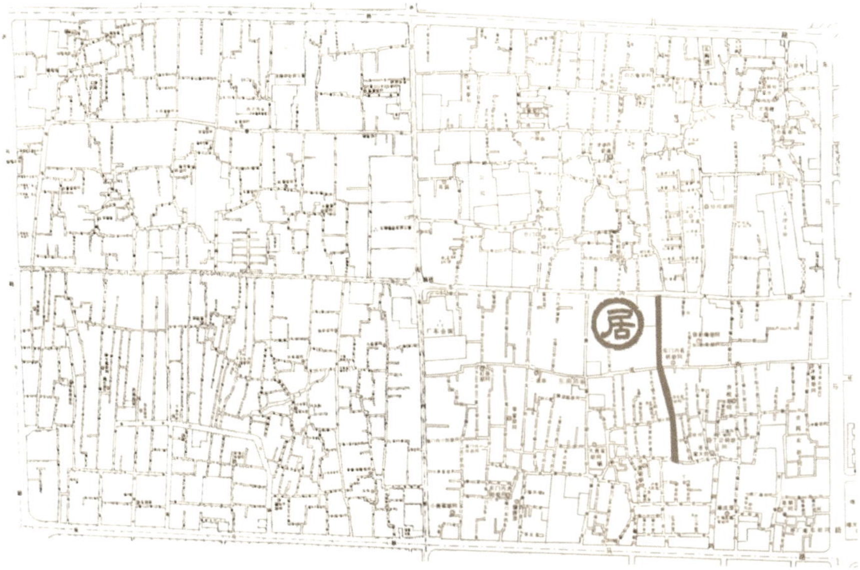

· 当年石桥胡同在天津城里的位置

了根管子运水到它那里面。那阵我们家还给帮忙，因为从我们家房顶子上面过嘛，他们就也给我们弄了一个管，分我们点儿热水用，我们也就有热水洗澡了。那时候上澡堂子洗澡是一种挺高的消费，没热水的时候就是在家里面生炉子，先拿盆接两盆热水，再兑上冷水洗。夏天还好办，大家都在院子里洗；到了冬天，确实挺困难的。

我家住在东南角河营西箭道

◎ 讲述者：李弢 1985年出生 曾住东南角河营西箭道

从小我就和家人住在老城厢的东南角河营西箭道，奶奶家也在离老城厢不远的南市。我们家周围有河营前胡同、河营后胡同、石桥胡同，还有二道街、关帝庙胡同、晒米厂、大胡同子。

我小时候经常和父母出了老城里到南马路以外的东兴大街，那里是老

·2003年拆迁前的河营西箭道

城厢东南角的居民经常去买菜的地方。还有就是一些城里的副食店，比如晒米厂副食店、丁公祠副食店等等。我印象最深的就是小时候和妈妈去副食店里面买酱油、买调料。当时的服务员拿着一个筒状的东西，上面有一个挂钩，通过挤压，酱油就从挂钩上面流下来。那时候我还比较小，不知道那个东西是什么，挺好奇的，长大以后才知道，那个东西叫“提子”，随着时代的发展，现在基本上已经见不到了。

·二道街标牌及门牌

打小就看着“二道亍”的黄色路牌，那时候的路牌是搪瓷做的，都把街道的“街”写成“亍”，比如说府署街、二道街，“街”字都那样写。后来才知道那个写法叫二简字，现在已经废止了，是那个时候独有的。可是并不是老城厢附近所有用黄色搪瓷牌写出来的“街”都写成二简字。比如说我们去买菜的东兴大街，还有建物大街、水阁大街，那几个“街”字并不写成二简字。

我们家住的是小院，基本上是一字形的，因为胡同本身也不长，只有五十米左右。开始只有我们家一户，后来我出生之前把坐南朝北的房子卖给了另一户人家。那时候有自来水，但是没有下水，至少我们家是没有下水的。地沟就在院子里；胡同的边上有垃圾桶——绿色圆柱形的大垃圾桶。

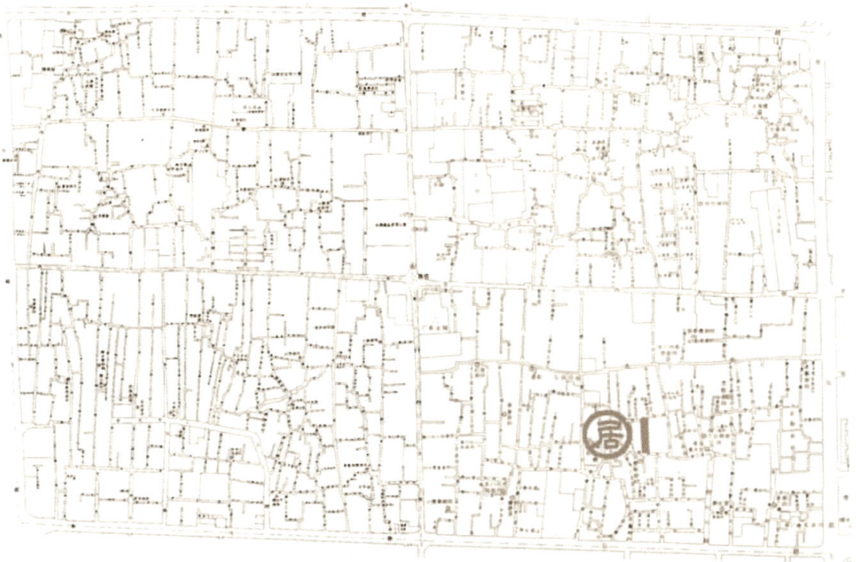

·当年河营西箭道在天津城里的位置

邻里之间在生活上都互相谦让,没有关起门来互不认识这样的情况出现。谁家里来了客人,整个街道上的人都知道;谁家有了喜事,左邻右舍更是要一起热闹热闹。

十七代人的院落

◎ 讲述者:王跃茗 1973年出生 家住东门里津道后

我们家原来住在东北角津道后,我爷爷一直住在那儿。据我们家老人回忆,到我这一代我们家住在这个宅子里的已经是第十七代了。据说我们家的祖辈是从山东过来的,当年做绸布生意,就在东北角落户了,我

·津道后27号门牌

从小在那儿的胡同里长起来，直到2002年拆迁时才搬走。

当时找了个房子，院子不大，属于比较简单的民宅结构，不像老城里的那些大院，但是从它的结构上来说，比较符合天津北方民居的基本情况，而且在一些细节上还是非常科学的。我印象最深的是院子里的排水系统，当年咱们天津的老城里一带没有下水道，赶上下大雨的时候，院子里肯定会积水。院子比胡同要高，门口的胡同比外面的大街要高。我父亲回忆说，他小时候院子里在门口地下有一个排水沟，都是做地基的时候就修好了的。院子是南高北低，有那么一个倾斜度，保证院子里的积水可以往一个方向排出去。他小时候爱玩，下雨的时候他就用砖把院子里的排水堵上，这样水就越积越深，没到台阶，整个院子里都是水，他就和我大爷他们一边跑一边玩——这就是他们小时候的娱乐活动，等玩够了，再把砖撤下来，水"哗"地就流下去了。

我小时候对老城厢的理解就是，只要一去爷爷家，就等于去了好多家。因为在那个大杂院里头，这个奶奶、那个爷爷的，关系都特别融洽。一去了我就上这个爷爷家坐会儿，上那个奶奶家坐会儿。大家都在这个院子里生活，你们家今天吃什么我都知道。我小的时候有一次，旁边那个奶奶家蒸

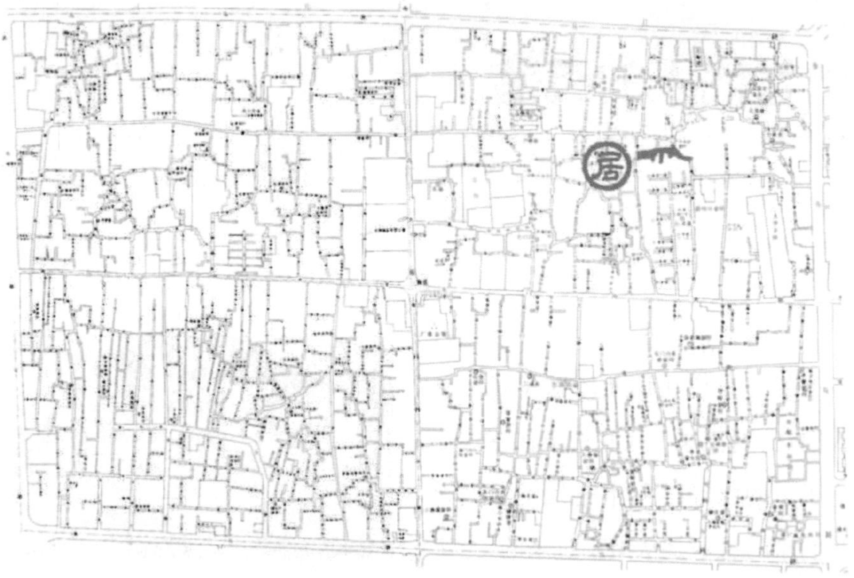

·当年津道后在天津城里的位置

了一锅窝头,我大爷家包饺子。我那天也不知怎么了,就不想吃饺子,非说:“我想吃旁边奶奶家的窝头。”那时候正好是夏天,都在院子里头吃饭,那个奶奶就招呼我过去,最后我跟着人家那桌吃了晚饭。

火车胡同的故事

◎ 讲述者:张炳贵 1941年出生 曾住熙临里

·2003 年拆迁前张炳贵家的窗扇,仍保留了糊窗户纸的习俗。(图片提供:张炳贵)

我们家住立生油铺胡同,据说是因为这里原先有个叫徐立生的人,干油铺。实际上我们家的老辈人,包括我奶奶,都不管它叫立生油铺胡同,都叫火车胡同。因为胡同不算太长,第一家屋子上面有个烟囱,像列火车。那时候刚有火车,大家都感觉很新鲜,所以叫它火车胡同。

胡同,据学者考证其与蒙古语中的“水井”发音相同,因此胡同就是有水井的地方,是人群居、有部落的地方。天津的胡同和北京的胡同是不一样的。北京的廊坊头条、廊坊二条、王府井一条、王府井二条都是横着的;

竖着的是几条大街，什么东单、西单的。胡同都是横着的，因为达官贵人多，出来要坐轿。要走轿，胡同就得宽敞。直到现在，东单、西单的胡同都可以走汽车的。天津的胡同，你可以留意一下，基本上都是南北向的，只有二道街、府署街、户部街是东西向的。即便是在最宽敞的鼓楼西大街、鼓楼东大街，也走不了汽车。天津的房子，横的都是联络线，正式的胡同都是竖着的，门要不是开在东面，就是开在西面。像是我们家胡同里，西面有房子，东面没房子，门都一概朝东。风水学上说，往东南这个方向属水，不容易着火，所以门都朝这边。在这一点上，京津一样，大宅院的门都朝东南，但是胡同的宽窄不一样。天津的胡同最多走两人轿就已经算是很宽敞了；北京的胡同不行，要是那么窄，八抬大轿怎么过去呀？要是再加上仪仗队，更走不开了！

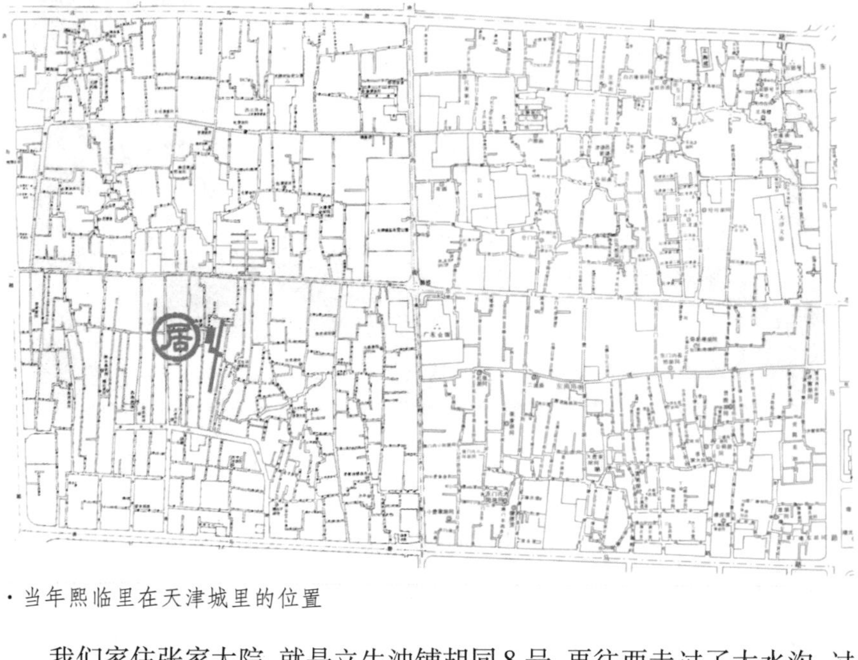

· 当年熙临里在天津城里的位置

我们家住张家大院，就是立生油铺胡同 8 号，再往西走过了大水沟，过了盐店胡同、和乐胡同有个大院，叫鲍家大院，西南角街办事处就在那个院里，它对面就是第二丝绸厂。从那个盐店胡同的北头出来西手就是盐店。我记得最清楚的就是它那盐都是用大木箱装的，大木箱上有老么大的一杆秤。至于弓箭胡同，我父亲告诉我说，那里有个练弓箭的房，所以叫弓箭胡同。再旁边是谢家胡同,跟弓箭胡同意思差不多,都很窄。

儿时挑水的记忆

◎ 讲述者:吕墙 1944年出生 曾住东门里孙阴阳实胡同

我1944年出生,曾住在东门里大街孙阴阳实胡同8号那间屋。我是独生子,到我的孩子那辈,前后五辈人都住这间屋。这是间租赁的房子,我父亲出生的时候还是两间屋,后来房主收走一间,我们也是为了省房租,就改成了一间房。我结婚也是在那儿,十二平方米的面积,上有老,下有小,比较紧张。那时我的愿望就是住楼房,住楼房的目的就是我可以不修房了——那里总漏水呀!我那时候就盼着拆迁,想住楼房,想有见棱见角的房子,想有自己的卫生间。

·2003年拆迁前吕墙在旧居院门前留影(图片摄影:吕艳玲)

以前那里是外面下大雨,屋里下小雨;外面一蹚水,屋里就存水。我们家就是“三级跳坑”。我们住的房子,门槛特别高,那阵子我女儿才三四岁,人小个矮,门槛也跨不过去,特别害怕。可为了防止下雨存水,就得把门槛弄得那么高——垒了足有三十厘米!头道院高,二道院低,还没有下水。我住二道院,下三蹬台阶到我们这个院。下雨进水怎么办?淘呀,从二道院淘到头道院,从头道院再往胡同淘,都是像我这样的大小伙子,拿洗脸盆、洗脚盆往外淘。一下雨,屋里的锅碗瓢盆都用上了。等到淘得差不离儿了,我们就蹚水。这样的情况太常见了，十回下雨这里得淹六回，八道院就有四道院得淹。

我居住的院里有男厕所、女厕所，没有水冲，就是用煤球灰填。晚上有清洁队到院里去收。我们吕家还有个后门，在孙阴阳实胡同的十号院，也不知道为什么把后门开到了人家院里去。

我二十几岁时家里还得挑水喝。看水站有大个的筲，我就挑大个的，四挑水，把净水倒进家里的大水缸。挑水也排队，挑一挑水给一个牌，到月头上凭牌收费。

也买过熟水，两分钱一大壶，一分钱一小壶。要是赶上哪天煤球不好使，就到水铺买水去，倒挺方便。元升茶园的底下也有卖水的，既卖生水，也卖熟水。后来单位发票，抽签，要是中了，你可以赶上弄个煤气罐——好几百人的厂子就给两个罐。那阵儿天天生炉子、挑水、倒脏水、倒垃圾。脏土怎么倒？有摇铃铛、赶着大马车的人来收。你没在家，那就存着吧，等明儿再倒。公共地沟在孙阴阳实胡同那个口上，倒脏水得往那儿去倒。1958年以后，政府改造，胡同里算是都接上管子了，自来水才通到我家屋里。

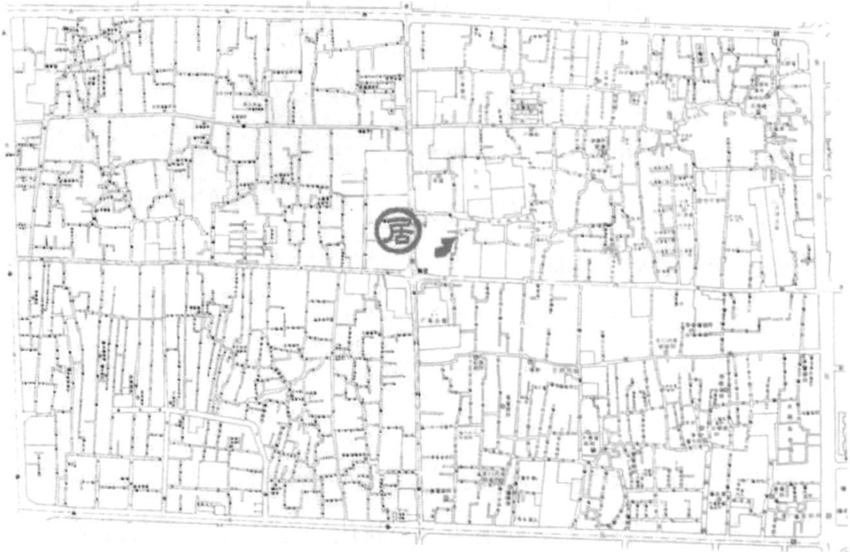

·当年孙家实胡同在天津城里的位置

摇铃铛倒垃圾，磕大粪，挑水买水吃，下雨淘水，房子漏水修房子……这就是那时候的生活。

胡同里如厕与煤店的关系

◎ 讲述者：张文魁 1948年出生 曾住西门里大栅栏胡同

· 天津城里的煤店

过去我们家门口有自发的自由市场，天不亮就开始摆上了，有卖鱼的、卖虾的、卖菜的，还有送菜的、送鸡蛋的、挑水的……从南头一直到北头，到九点、十点都撤走了。过去用水不方便，逢年过节挑水，初一进财进水；平时给两分，过年给一毛。早先那水是从海河拉来的，用水车；后来有自来水了，一个胡同一个水龙头；再后来进院；再以后进屋。

过去的厕所，是一个木头桶子，把煤球灰垫里头，解完手以后再垫一层煤球灰。到晚上天黑以后有磕灰的，摇个铃铛喊"磕灰"，各家各户就把自家的桶扔在门口，磕灰的就给磕走了，不要钱。那时候一家一个小炉子，都用煤球，天天出灰。

四个城都有煤厂：北门的煤厂在天瑞胡同，西门的在蓝万字会医院斜对过，东门里煤厂在教堂附近，南门里煤厂在里面。一个角最少三四个煤厂。直到20世纪90年代才用上蜂窝煤，挺好，块小，一块能点四个小时，是用煤精做的。

过去倒脏土的也是马车，一匹马拉着，车上用竹坝围上，中间搁东西，也是一般赶早晨、下午摇铃铛，各家各户一听倒脏土的来了，赶紧拿土箱子倒土去，他走了你就没地方倒了。过去虽说不是柏油路，都是土路面，但是人们没有随便倒的。

再有就是下雪天扫雪，甭管多大岁数的，自扫门前雪那是肯定的，大门口的雪呢，不管是哪院出来的人都扫。那阵儿谁家有事了，大家就互相帮助。一家有难，八方支援，那是肯定的。

那会儿一件衣裳得穿好些年，褪色了，脏了，不好看了，怎么办？到过年买袋色——一毛一袋，弄点儿水搁炉子上一煮，把颜色倒里头，把衣服搁里头煮开了，完了以后拿清水一漂，旧衣裳就变新的了。那一袋颜色，大人的衣服能煮一到两件，小孩的衣服能煮一堆。

爷爷的三间瓦房和父亲盖的小厨房

◎ 讲述者：王鹏 1977年出生 曾住西南角云林里

·西南角云林里，右手第一个院门是王鹏的旧居。

小时候经常听家父提起我们家是从我爷爷那辈下的天津卫，祖上在祖籍青县有几亩薄田，我爷爷在家排行老三，新中国成立后举家迁来天津谋生。我的太爷爷在老城里板桥胡同西给爷爷置办了三间房产，早年那地名叫“板桥胡同刘家大院”，后来重新规划地名，改为云林里。20世纪70年代末我出生后，由于全家人口越来越多居住不便，爷爷便将老屋变卖举家迁出城里。2001年我随父母又搬回南马路居住，算是又回到老城的怀抱。

父亲自小居住在城里板桥胡同，直到现在他们兄弟姐妹聚到一起还“刘家大院”不离嘴。我在地图上对应的位置上找不到这个地名，所以总是很好奇。后来在《南开区地名志》中“云林里”词条下找到痕迹，原来此地在清同治年间有刘姓富商购地建房，遂人称“刘家大院”，后来地名普查时因重名，取台湾省云林县之名更名为“云林里”！这下就明白了，于是我就央求父亲带我去找过去的旧居。一个周末，父亲领着我从南马路板桥胡同进了城里，一路上也不多说话，只提了一些以往生活的点滴琐事。到了磨盘胡同口左转就到了云林里，父亲这才打开了话匣子，什么当时这房子住的是谁呀，“文革”抄家抄出多少“洋钱、胰子”呀……父亲在济欣里附近的一座小院附近站住了，指着一溜正房介绍说这就是原先的老宅。神奇的是，墙角的小厨房依然存在，这是父亲年轻时亲手搭建起来的！从他的眼神里，我能清晰地感受到那份思念之情和对过往生活的回忆，这就是我们家在城里的根。

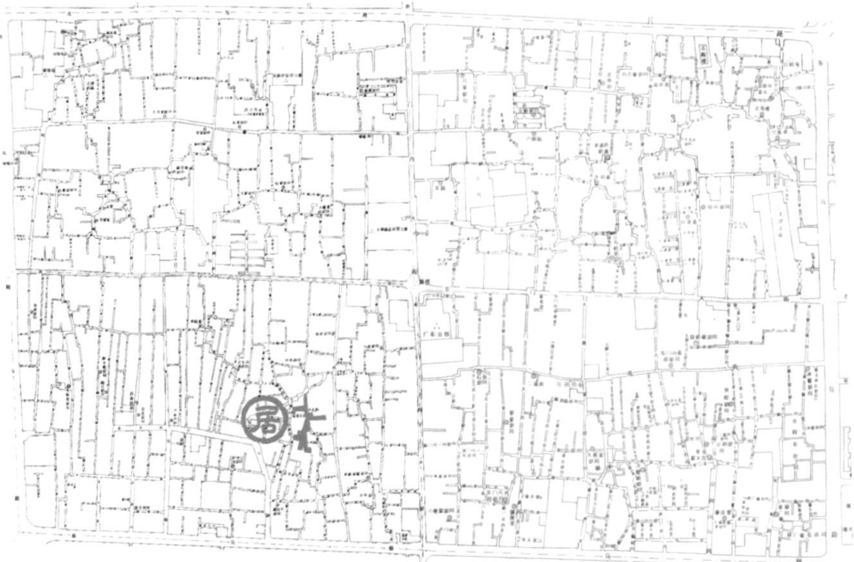

· 当年云林里在天津城里的位置

走街串巷收瓷器的故事

◎ 讲述者：边正明 1954年出生 曾在老城厢走街串巷收瓷器

·边正明在天津西北角工地收捡瓷片（图片来源：网络）

我们家是苏州人，是燕王扫北的时候来的天津，来得比较早。最早我们住在红桥区一带，靠近南运河。我们家族比较大，相对来讲生活条件是比较不错的。海河三岔河口，像东北角这一带——东马路、北马路，过去的生活水准也是比较高的，因为靠近海河，有码头，靠漕运，生活来源、经济来源比较富裕。

我本人喜欢瓷器，我有好多故事都跟瓷器有关系。我们收藏瓷器收集过很多残片，我认为这些残片也是历史文化的反映。天津市的这些瓷器残片，大部分都来自于老城里，那是咱们天津市发展最早的地区。通过这些残器出来的年代也能反映出天津市哪个地区住人比较早。比方说南运河，靠近海河三岔口，原先有天津市第二医院，改造的时候挖了大约九米深，出了很多残器，说明那个地方住人比较早。在运河旁边的瓷片，年代更早，最早的能推到唐代。一般说我们天津建城六百年，但通过残片可以推断更早天津已经有人居住了。我们在老城里发现的那些瓷片，大约都是元代、明代早期的东西。我们去过二道闸，历史上在海河边住的居民，他们有时候打碎了瓷器就扔到海河里头。修二道闸的时候，我们发现很多瓷片。

这几年改造，挖地基挖得很深，都在 4.5 米以下，结果把那些过去的垃圾都挖出来了。通过瓷器碎片的数量，我们也能知道之前这个地方居住的人口密度。比如天津市海河边的海河大道，那边楼房下面挖出来的东西，年代相对来讲就比较晚，是明代晚期，说明那里明代初期时几乎没有人居住。到了清乾隆、雍正的时候，瓷器片的量就非常大了，说明那个时期居住的人比较多了。再有就是在南运河这一带，不仅年代比较早，残器量也比较大。这些瓷器，有很多非常精美。通过这个也能反映出那时候的精神文明、物质文明以及当时人们的生活水准。

挖残器瓷片时遇到过很多问题和困难，有时说起来都后怕。一次在老城里三十一中（崇化中学）那一带，有个大院开始施工。那里有地下室，地下室有个车库。两个抓土的"大挠"往上倒，倒到九米多的时候，底下都是淤泥，特别软。开车挖土的那个师傅知道我天天在那捡瓷片，就在老远喊我，意思是不让我往里走。我还以为他跟我打招呼呢，他向我摆摆手，我也跟他摆摆手，还接着往前走，结果"呼噜"一下我就掉下去了。那都是软泥，我就好像掉进沼泽地了。幸亏那个师傅急中生智，用那个"挠"又把我给挖出来了，要不我可能就没命了，我非常感谢那个师傅。

上来之后，我全身都是黑泥，但是手里还抓了一块瓷片没撒手。这身泥可怎么办呢？老城里那地方，把平房推了以后，都能看见原先挖的那些防空洞。有的防空洞挖得不太好，挖完也不打仗，老百姓就干脆捂上当菜窖，那里面跟游泳池一样，我就跑到那里去洗澡……这个事弄得我非常尴尬，也是非常后怕。

还有一次也特别危险，就是推土机往前走在淤泥上轧了两条沟，大约有六十厘米深，都是软泥。推土机走过去以后，看不见后头。正巧我看到道沟里有一块瓷片，就赶紧跑过去拿那块瓷片，结果我在拿那个瓷片的时候车又倒回来了。我想跑也跑不开，因为脚被泥给黏住了，最后我一使劲，跑开了，鞋留在那给轧在车下面了。那次也是非常危险。

最有意思的还是我因瓷器和爱人结缘的故事。1978 年的时候，我经常围着海河沿线靠近北马路、东马路这一带转悠，我觉得这一带人生活水准比较高，家里大都有东西。有一次我从北马路到东马路又到东门里收了一块怀表以后，手里没什么钱了。转到东门里二道街一个胡同里已经是下午,有个大娘问我:“有件东西你要么?”我问她是什么东西,她说是瓷器,让我进去看看。我到院里之后,大娘给我拿了一个板凳说:“你先坐一会儿,天热你先喝点儿水。”我就坐了一会儿。等她把东西拿出来,我一看是清乾隆时期的一个瓷瓶花鼓,非常精美。我一看这个东西确实好,但当时她要的价格跟我手里剩下的钱相差挺多,我肯定给不上。我也没跟她讲价,就随便问了句:“怎么想起来卖这东西呢,是收拾房子吗?”她说是她们家老头病了,人在医院呢,还告诉我在哪个医院,老头姓什么。当时我说手里没那么多钱,一半天我再过来买这个东西,就离开了。

大娘说的那医院正好在我们厂后门,我那天没事,从厂后门出来就想随便往那小医院看看到底有没有病人那回事。一看还真有这个人。旁边有个病人就问我说:“你是他儿子吧?他可能大便了,你帮他弄弄吧。”我就去用盆打了水,帮他简单地擦了擦之后走了,也没说别的。

过了几天我又去了一趟,有一个年轻女孩在那儿,长得挺俊的,还没等我说话,旁边那病人就说了:“就是这个人,那天就是他帮忙给收拾的,我们还以为是儿子呢。”那个女孩就问我是不是认错人了,我就把收瓷器的来龙去脉简单地说了。她问了我在什么单位,我简单地说了几句话就走了。又隔了一段时间,单位同事告诉我说,有个女的过来给我送了个小匣子,还给我留了一封信。我打开信一看,是那个病人家的女孩写给我的感谢信,还说匣子里是那个瓷瓶,告诉我她父亲说送给我了。我哪能拿人家东西呀!找个机会我就把那东西给人家送回去,临走女孩出来送我……一来二去,我们居然谈成对象了,过了两三年以后,我们就结婚了。这件事说起来还挺传奇,就因为她住海河边,我又爱瓷器,成就了我俩的缘分。这么多年,我在瓷器上投入很大,但是我爱人从来无怨无悔,您说是不是跟那个瓷瓶有关系呢?

老城的民俗与皇会

◎ 讲述者：张文魁 1948年出生 家住西门里大栅栏胡同
吕墙 1944年出生 家住东门里孙阴阳实胡同

张文魁：都知道天津有拴娃娃的习俗，就是说膝下无子的人要到娘娘宫拴娃娃。我们院里有个住城里的，没儿子怎么办呢？上娘娘宫拴娃娃去！所谓拴娃娃，就是弄个小泥娃娃来，过一年再换一个大点儿的。还真管用了，他后来生了一个儿子两个闺女。有了儿子闺女后，那个娃娃就是大哥，他自己的儿子算是老二。那个娃娃哥哥画得真漂亮，栩栩如生的。

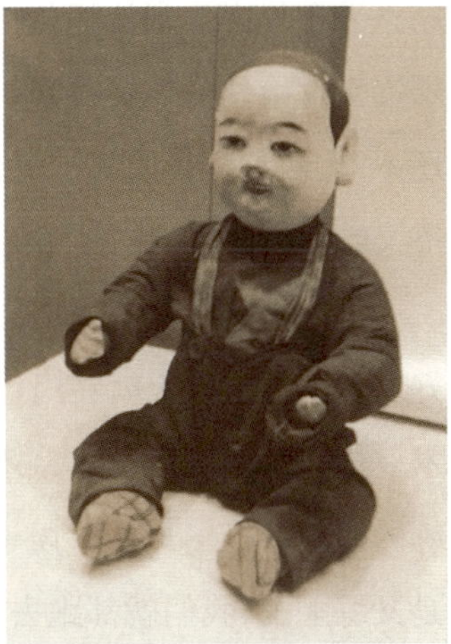

·天津博物馆收藏的娃娃大哥

那时候的婚庆，有红地毯，有老爷车，有老式的婚礼，还有四个轱辘的马车——后面的轱辘大，前面的轱辘小。过去在我们家斜对过有一家就是干这个买卖的，婚丧嫁娶他全包。过去有钱人讲究存棺材：等六十大寿过完了，买口棺材给自己存着，一年倒腾出来刷遍漆，那费用可不低。

吕墙：东北角管界，在运署西街里面有一个会元和高跷老会，它这个高跷是文高跷，连敲鼓的带头棒，一共十三个人，折跟头，不摔跤，不打不闹，光是比画身段，这属于文高跷。户部街再往前走，不到官银号菜市，有个双井街，那儿还有个双井高跷老会，它是武高跷，折跟头、翻倒毛。他们互相拜，就是我到你那儿耍去，你到我这边来。我们小时候就爱看这个热闹。那个会元和耍高跷的到我们院里去耍，都抬着高凳，我们有隔扇门楼，他们耍不开，我们给他们全拆下去，还给他们摆上白皮儿八件——这个事是我老爷爷来办,完后还给他们会头钱——一个红包,他们只要出会就到我们院里头去。

我们门口有个同乐高跷会,在中营那一带右营西箭道那儿。过去的那个头棒,我总上他们家去玩鸽子,他就住在大栅栏胡同口我们家旁边那儿,是卖炸糕的。大儿子是头棒,二儿子是二棒。他们家姓李,人称老李。打他爷爷那时就在我们门口干这行。老李这个人挺随和,我小时候淘气,从家里弄两片馒头到他那儿往锅里一扔,他一看,说:"哦,少爷,等着。"就把那馒头片给两面炸出嘎来。我不吃炸糕,吃炸馒头片抹馅。抹馅,抹一片还不行,两片都得给我抹上。等一会儿我妈一出来,老李就说:"张太太,少爷又吃炸馒头片,抹馅。"人家三分钱一个炸糕,我妈起码给人一毛钱。

一般高跷都是年节出会。白天老李得炸炸糕,回家还得磨豆子、和馅,好多事情呢!晚上就在门口练,那是一年到头总练,那活不是说,就跟练武术一样,不能放。折跟头、摔叉那是真好看,可那动作不是练一天两天的,练的时候苦极了!那时候也没汽车,晚上静,"当当"锣鼓点一敲,一听就是又练上了,我们就都跑去看。他们不穿上衣,光扎腿子。过去凡是玩的都赔钱,因为得花钱买行头,置办这些个东西。他们的衣服很讲究,是绣花的,可好看了!用完得晾,然后喷酒,叠上。喷酒是因为衣服出汗,得把汗味带走。到现在唱戏的在后台还喷酒呢,喷完酒用电扇吹,也是这个用意。

那些个物品都存放在他们家,因为他们是会头,负责组织。

还有一家是在严家胡同口,姓王,这家是杠房,办丧事找他们。他们家也好这个,也出资。再往后就是我的邻居冯利津他爷爷。他爷爷过去是在这门口开面铺的,就在大栅栏胡同口卖米、卖面。但是掏钱不白掏,逢年过节,这个会必须到你门口来,所谓"拜会来"。先给您个帖子,您呢还得预备一下,第一您得封上一包钱,第二您得预备点心,第三您得预备茶水,在这门口等着。会到你门口,必然在这儿大要一通,前面敲锣的那个是会头,等要完了,你把钱递给会头,他再到下一家去。一般走到路口、要道的地方,也要。杠房的王家养了好几家,一到年节,都碰一块儿了,两家互相比,你摔我也摔。折跟头、劈叉,那就看功夫了——比赛!最有意思的是王家娶媳妇，他不是好这个么，就花钱让三拨会来他这儿耍，他请亲家上楼看，起码得要上一个小时。三拨会耍一小时，得有一拨看着，两拨耍，下去一个，再上来一个。那钱可花大发了，可他就好这个！过去高跷会有小旗，打一晚上给一毛钱，小孩儿们争着打，给钱不说，还得看，过去挣一毛钱那是钱了！

· 农历大年初五天后宫里的高跷老会表演

那会儿到年节，除了有高跷会，还有小车会，就是一个人弄两个假车轱辘，前面一个假人，后面一个假人，中间有个女的在那儿耍。可惜小车会很早就没有了。

说说天津老城里的小吃

◎ 讲述者：张显明 1935年出生 曾住仓廒街的德善里（维善里）
吕墙 1944年出生 曾住孙阴阳实胡同
孟宪宁 1945年出生 曾住东门里金家大院
张国贤 1927年出生 曾住西门里的张志尧胡同
张文魁 1948年出生 曾住西门里的大栅栏胡同
何志华 1939年出生 曾住东门里的经司胡同

张显明：过去天津有很多有名的点心铺，有祥德斋、一品香、四远香，还有玉生香。祥德斋最早是在城里边，后来挪到北马路上了。他家的月饼是很有名的，还有几样点心也特别有名。一个是藤萝饼，西郊有很多花窖都

· 祥德斋点心签

跟他家签了约，藤萝开花的时候专门有人给他家送来，天津别的糕点铺都没有那么多藤萝花，只有祥德斋能做大量的藤萝饼。另外就是到了端午节的时候，祥德斋另做一种点心叫五毒饼，是用玫瑰、桂花拌馅做的，特别香甜。做出来跟老月饼似的，但是花样和月饼就不一样了。用模子做出来的五毒饼上面有蝎了虎子、蝎子、蜈蚣嘛的，一个饼上一个样儿，五个一组装一盘，上面喷上点红色，叫五毒饼。这个在天津也是很特殊的。

说到小吃，老城里有一家糖墩儿特别有名。丁伯玉家是大官，原来北大关这儿收税有好几个人管，丁家是其中之一，家里很有钱。有钱的这个丁伯玉爱玩，喜欢新鲜东西。天津那时候还没有骑自行车的，外国人有骑的，都是进口自行车，特别贵，他见到了就买了一辆，练着骑，所以天津第一个骑自行车的就是他。后来有个盛宣怀从上海来，带来一辆东洋车，那时候叫“胶皮”。天津又没有，他一看又仿照着再做一个“胶皮”，这么着他又成了天津第一个开洋车的。另外就是从北大关到他们家这一段路一到晚上特别黑，他一看人家租借地里有路灯，他又出钱弄路灯。那时候没有电，就点小油灯，把油灯搁进去，用玻璃罩挡着，隔一段距离有那么一个。这么着他又安了天津的第一趟路灯——都是煤油灯，就是从北大关到他们家这段路。

这话说远了，咱还说他喜欢吃，尤其要说他喜欢吃糖墩儿。他请北京宫庭里手艺最好的师傅来做糖墩儿，他亲自跟着学：选糖墩儿要选哪儿的红果才好，既面又不特别酸；拿谁家的刀拉口；专门上外面拨核；糖要选什么样的糖合适——好像是需要进口哪儿的一种白砂糖吧；熬到什么火候合适时来蘸糖，蘸好之后糖不黏还特别透亮，讲究掉到地上了都不沾土，一吹还是干净透明的，即使搁皮袄上一滚连毛儿都不带沾的，就是说火候掌握得特别好……到后来八国联军进天津以后，北大关就撤了，外国人管税了，他们家就败落了。败落以后，他无以为生，就会蘸糖墩儿，结果他就卖糖墩儿。他卖糖墩儿和别人还不一样，讲派头，雇个人给他挑挑儿，他一天蘸多少出来是有数的。他卖糖墩儿有固定路线，从他家出来走估衣街，给他挑挑儿的人负责吆喝。他就拿个掸子掸掸身上的土，长袍大褂干干净净跟着收钱。他的糖墩儿比别人的贵，但是确实好吃，所以一出来大伙儿就都盯着，有钱人又不怕花钱，就也买他的。他就那几十枝儿，卖完就完。到年节他还要特制一些特别好的糖墩儿，有叫"老虎头"的，就是用半个苹果抹上枣泥馅，然后用瓜子、桃仁、杏仁做鼻子嘴啊嘛的，还有红丝、青丝、玫瑰、瓜条，又漂亮又挺好吃。他能做好多样儿的糖墩儿，不光是红果的，什么山药的啊橘子的啊他都能做，所以这个丁大少的糖墩儿特别有名。

吕墙：有个卖菜的——我母亲专门买他的菜——外号叫"老强"，个儿不高，挺胖，光头，大眼，卖韭菜、茴香什么的，那时候香菜没有要钱的。卖鱼的都挑一个挑子，前面一个盆，里面有水，放着鲫鱼、拐子；后面一个篓，搁着秤。到了下午三四点钟，卖乌豆的走街串巷，挑儿里这半边是乌豆，那半边是煮仁果。四五点钟，卖崩豆的赶着个小毛驴，背着崩豆、瓜子出来卖。晚上十点以后在鼓楼的东北角上有摊煎饼果子的，他恐怕得卖到凌晨三四点了。那年头吃煎饼果子都得带着饼，拿饼夹着吃。说起有名的小吃，东门里石桥胡同明星照相馆旁边有一个卖锅巴菜的，卖锅巴菜、老豆腐、面茶，很火。城隍庙头道牌坊下面——那个年头也没有遮阳伞，就是拿块床单一挡——卖糕干。东门里的曹记驴肉，是一间小门脸，还挤出一半是窗户，留下一点儿小门，那驴肉比较出名。还有牛羊肉店、猪肉店，十个猪肉店里头得有一半的猪肉店下午四点用自己的老汤煮酱肉和猪头肉，我小时候睡完午觉必吃。西门里大栅栏有个卖卷圈的，过去的卷圈不是面的，是豆皮的，卷圈外能看见里面的红粉皮和绿豆菜，现在的孩子们都没吃过那个。

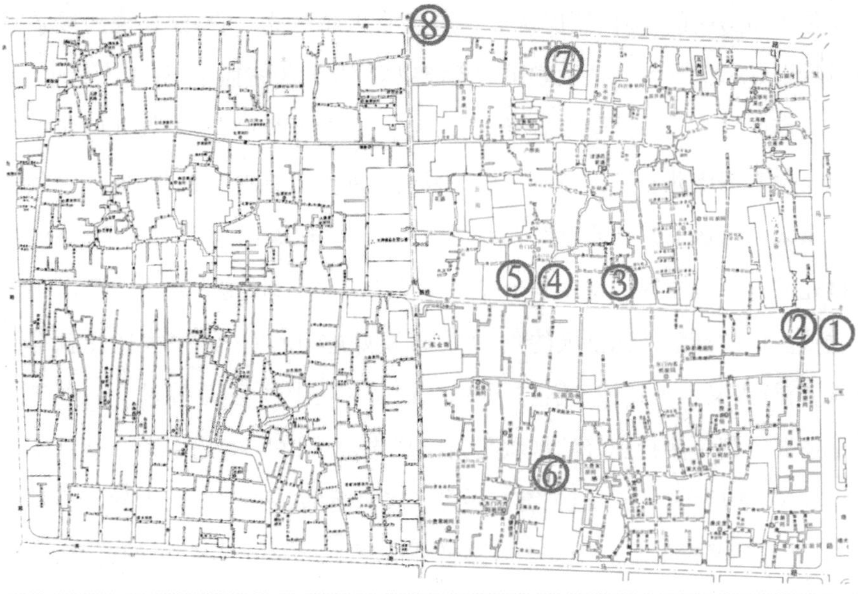

·文中涉及的店铺当年在天津城里的位置(①一品香②曹记驴肉③永元斋④福泰园⑤仓门口馄饨铺⑥窦五粉汤⑦祥德斋⑧四远香)

孟宪宁:在东南角,好像是旧县署那一块儿,有一家窦五——姓窦,大概行五。去他那儿吃什么呢?早晨去吃粉汤。再有就是鼓楼这边两家早点铺,我是一个星期能美一次——家里给我一千块钱,相当于新币一毛钱,这一千块钱早点,吃得可太舒服了!那豆浆锅里现打出来的豆皮,卷一个果篦儿,再往豆浆里头冲一个鸡蛋,哎哟,可太美了,都吃不动了也强吃,一个礼拜就那么一次!平常都只给两三百块钱吃早点,这给一千块钱呢,高兴!那豆皮都是现挑出来的,夹上现炸的果篦儿,吃完一次回来得跟院里几个小孩儿显摆一番:我今天花一千块钱吃的什么什么,他们都馋得要命!没事,下次咱们一块去,合着吃,吃不了!那一张豆皮卷一个果篦儿比现在一大套煎饼果子还大了,送人一半不正好吗!东门里仓门口那儿有一个馄饨铺,就在教堂旁边,往旁边是一个菜店。再往东走是福泰园,卖鲜货、水果和糕点。华家大门斜对过是明星照相馆,照相馆旁边叫永元斋。我小时候,爱上那儿买绿豆糕去。到天热的时候,我姥姥就发话了:“买点儿绿豆糕去吧,你跑一趟。”给了钱我就去了。那时候真是童叟无欺。

张国贤：夏天应节食品就是酸杏干、红果片，还有人切点儿藕，熬了，用铜碗敲出节奏来卖。冰棍是汽水味儿的，还有冰球——大个的铁球，分两半，扣一块儿，用猴皮筋把两个接口的地方封上，放在一个大桶里面，大桶里面放上好多碎冰，用机器摇，大铁球一转，里面就冻上了，卖的时候把猴皮筋拿掉，扒开了，里面就是一个冰淇凌球，外面冻得实着了，里面还有点凉水，这是冷食。

还有卖食品的是用小酒杯，拿洋粉熬了盛里头，染上色，跟现在咱吃的那个果冻一样，叫玻璃粉。再有就是熬糖，拿石板一抹一块，卖给小孩的，一毛钱给两块。把那块糖拿在手里拔，拔来拔去就拔成白的了，一团，成一个糖球了，好吃极了。

张文魁：我们家门口有卖炸糕的，卖烤山芋的，卖煎饼果子的……那个煎饼果子老陈挺能耐，他的煎饼果子好，听说后来到人民大会堂去做饭了。还有个推车卖羊杂碎的大眼睛的牛大爷，知道我爱吃羊肝，看见我就给我切一块，回头碰见我妈，告诉"少爷吃两回肝了"，我妈就给人家钱。过去卖秫米饭的，一分钱一小碗，那个秫米饭里面好像是团粉，米粒没几个，有小枣，谁买他就用他那个小木头勺给谁盛一勺。

卖切糕的、卖药糖的，卖酥崩豆的，全是挑挑儿卖。卖药糖的讲究，东西都放在大玻璃盒子里，侯宝林先生的相声里头有吆喝卖药糖的，差不多就是那个味儿。还有卖崩豆的——一个老头拿着一个提盒，那一吆喝就是一套，吆喝出来也是挺好听。过去买完东西不许在外面吃，得拿回家去，大人给吃才可以吃。

祥德斋在北马路上，那可是挺有名的。这老字号现在也恢复了。那儿做出的糕点都是用香油，前店后厂，刚做出来就卖，都是热乎的。那儿的点心是相当好吃！

何志华：我小时候爱往"三不管"吃东西去。那儿有老大的蛤蜊牛儿搁在大盆里，都是从海河里弄上来的，拿铁片铰成个三角，搲出来，蘸青酱、醋吃。羊肠子弄一大锅咕嘟着，要说来一碗，老板就拿手抓肠子搁在这儿，把麻酱、香菜都放里，从大锅里舀热汤往回滗。吃好了还想来一碗，还拿那个碗盛，还是用那个汤滗。

我的父亲孟广慧

◎ 讲述者：孟昭联 1928年出生 孟广慧之子 曾住探访局胡同

· 孟昭联接受笔者采访

我们祖辈是安徽人，做官，先在曲阜、济南，清顺治年间迁到天津。到天津时是我爷爷孟继勋那辈儿，人称老二爷，是挺大的官，就住老城里。他能写，能画，能作诗。

我父亲跟李叔同两人挺好的，李叔同比我父亲小 10 岁，跟我父亲学书法，跟赵元礼学作诗。后来我父亲还给他写过个大“寿”字。

我父亲这一辈子就爱写字，给穷人写还不要钱。二道街那儿有个裱画铺，年轻人租间房子刚成立没有钱，他就给人家写牌匾。过去有磕灰的要字：“大爷，给我来副对联行吗？”“行！”理发的、卖菜的、掏地沟的、拉洋车的，都有他的字，凡是这些没钱的人他都白送。有钱的人来得要钱，一百块钱一个字。天津牌匾不少，过去从东马路开始到日租界，大部分都是华世奎、孟广慧两个人写的牌匾。华世奎有笔单，华家大院一进门房，贴着条，对联多少钱，牌匾多大字多少钱，都有规定。

有个“凯记”，是卖电器的，在东北角成立一个号，让我父亲写小字，小字不是便宜、给钱少么！可写完以后他给放大了，我父亲不干了，后来他给补的钱。还有一个卖糕点的祥德斋，在马家口成立分铺时，他把原先我父亲给老店写的那个照下来搁那边去了，叫我父亲看见了，又要了一份钱。还有耀华中学，你看那匾上没有名字是怎么回事呢？耀华中学的东家跟我父亲说，你写了“耀华中学”落我的款，我父亲不干，后来给钱特别多也没落款。

我父亲爱听曲艺，听刘宝全、花四宝。他去了给她们捧场，给她们改词，她们也老来请教哪句词怎么唱。另外他也好京剧。四大名旦都画画，都上我父亲这儿学画来。我父亲主要写字，也画画。这样我父亲听戏不花钱。中国大戏院的牌匾过去是我父亲写的，那个东家姓孟，叫孟少臣。“香港药房”是我父亲写的，过去的卖布庄谦祥益，最早的牌匾也是我父亲写的，估衣街很多牌匾都是我父亲写的。我父亲想刻图章，刻图章的找我父亲说“大爷给写个牌匾吧，刻图章我白给你刻”。他这个人比较怪。亲戚朋友来了不要钱，越是有钱的人来了越要得多。所以下边的人都说孟大爷这人好，写字不要钱。他对下边的人也很照顾，跟周围群众关系比较好。过去有个老中医齐大夫，给他来看病不要钱，完事他给人写字也不要钱。还有个西医赵宝帧，一进二道街口有个赵宝帧诊所，那个牌匾也是我父亲写的，那个牌匾一直挂到20世纪60年代。

锦州道过去叫梨栈，咱们城里这边的人要上法租界那边去得经过梨栈那个口。老百姓不能随便进出租界，得经过检查才能过，有日本兵在那儿把着。我八婶把她闺女嫁给英租界重庆道的刘家，她老给闺女做点嘛吃的送去，隔几天去一趟，她发现日本兵好书法，就说：“大爷给我写俩字，我过口时试试去。”她过口时拿了我父亲写的字给日本兵一看，日本兵爱得不得了，不检查了，过去吧。打那以后传开了：找孟大爷写字去，等于是拿通行证！对这样的事他挺愿意干，只要是做好事就行。

过去我们家买菜从来没给过现款。他的钱老是这么紧，他规定，字不能多写，写多就不值钱了。没饭吃的时候赊账，写完字还账。每年过年的时候还账,连理发馆他都欠账。过去没有自来水,买水不给人钱,到年底再给人钱。有时候人就说大爷给写俩字不要钱了。到他死的时候,才翻出三毛钱,他一辈子从来没有存过钱。

连曲艺团变魔术的他都认识,一来让他坐前面第二排;到饭馆也都认识他,他一辈子受穷,但是吃喝也没问题;房上天天有人过路,他听着就问,过路的就说:“大爷,知道您没钱,我不偷你的。”那叫“借道儿”,旁边王家是财主,有地、有买卖,自己住一个大院,过路的专门去偷王家。

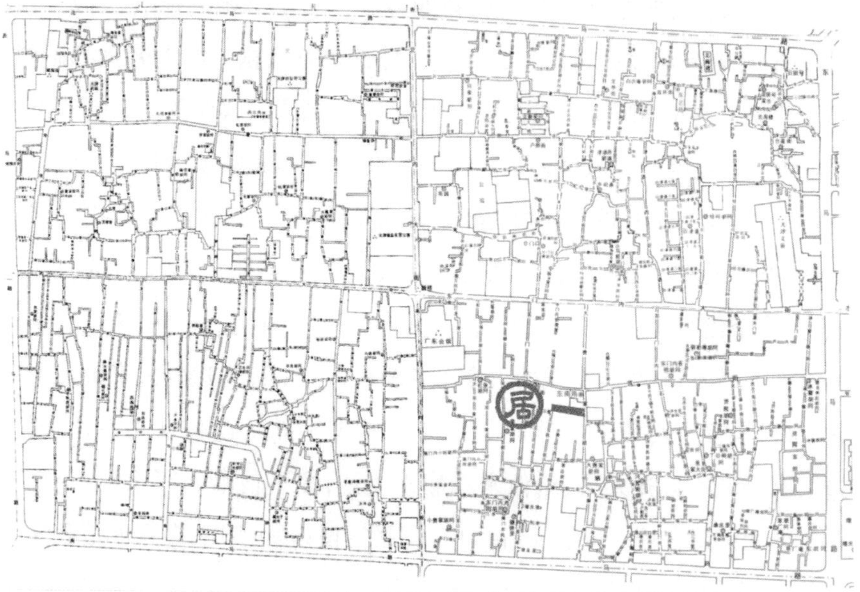

· 当年探访局胡同在天津城里的位置

他打十几岁的时候就仿字,王羲之的字他仿得一模一样,好多人来买,当是真的。过去他经常去南京参加笔会,有“南郑北孟”的说法。原先天津市到处都有他的牌匾,现在就剩耀华中学那块了。以前有这么句话:津门二甲(假),一个孟广慧,一个马家桐。马家桐是画画的,我父亲是写字的,这两个人都“作假”——马家桐仿谁的画都跟真的似的,孟广慧仿谁的字都跟真的似的。有个裱画铺,有幅郑板桥的字短了一笔,怎么办?说别找别人了,找孟广慧就行,补上一笔跟真的一样!

华世奎与华家大院

◎ 讲述者：华克齐 1946年出生 华世奎侄孙 曾住东门里华家大院

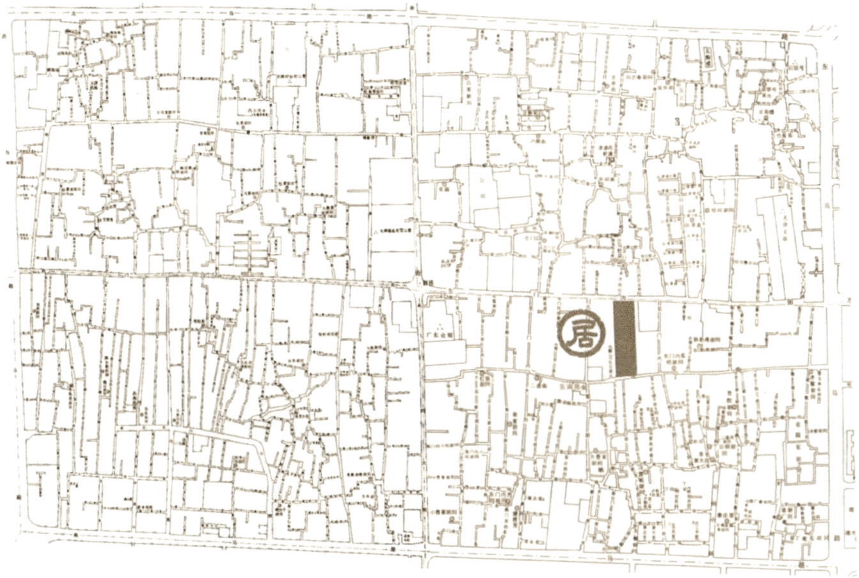

· 当年华家大院中轴院落在天津城里的位置

华世奎是我的叔祖父，他在家里大排行行七，天津市的老人一般称他为“华七爷”或者“华壁老”。他 30 岁考中恩科举人，升为翰林院编修，平生为人正直、胸怀坦荡、书法出众、文笔得体，在慈禧太后 60 岁生日的时候被慈禧看中，招入宫中，担任过很多头衔，官至二品。但是他这个职位是有职无权，更不用提什么政绩了，只是当年朝廷的御用文人墨客。他为清朝做的最后一件事，是书写溥仪的退位诏书，由他起草和书写，装裱以后由几位太监从太和殿抬到天安门，昭告天下。据说这个诏书现在收藏在上海博物馆。此后华世奎以省亲为名，返回天津，自称“北海逸民”，远避官场，洁身隐居，与天津市当时的乡贤文人不时地结社与雅集，他还曾经参加了当时的崇化学会、城南诗社、国文观摩社等文化团体，为天津地方文化作出了一些贡献。

华世奎这个人非常直爽，在他身上充分彰显了天津人坚毅耿直的性格。所谓“性格决定命运”，他自始至终坚守了民族自尊和大义凛然的人生追求。他回到天津以后，购置了意大利和奥地利租界交界的地方，也就是现在胜利路和民主道的交口处，和梁启超的故居背靠背。他深居简出，以文会友，醉心诗书，卖字度日。这期间，因为徐世昌和华家是表亲，袁世凯就派徐世昌拉他加入，被他严词拒绝，他还骂袁世凯是“袁奸”。清朝末代皇帝溥仪在东北成立伪满洲国时，华世奎哀叹：“大清国出了败家子！”当时有人劝他，让他为宣统皇帝拟写个贺表，他当场就拒绝了。

作为清朝的官员，可以说华世奎一直是效忠大清的，宣统皇帝退位到天津以后，初一十五他还要带着食品带着钱，去行三拜九叩之礼。现在一些历史书，比如《我的前半生》的照片里有一个留大胡子的人，那就是华世奎。后来宣统多次派人甚至亲自写信约华世奎到东北去，让他做伪满洲国的大臣，他都表示拒绝。他对外交往也不多，对民国的官员非常不待见，表现得非常傲慢，从不趋炎附势。

日本侵华的时候，不只华世奎的许多好朋友，甚至连他自己的女婿齐燮元都投靠日本人了，当上了伪治安署长兼内务总司令，天津沦陷以后，成为一个高层汉奸人物。华世奎就和女儿女婿断绝了来往。他多年的好朋友高凌蔚也出面组织治安维持会——这个治安维持会也是当年的一个汉奸组织，也拉华世奎出面投敌，他都断然拒绝。日本侵略中国，让华世奎义愤填膺，对清朝的复辟绝望，从此断绝与外界的任何联系。另外他乘车外出时必须叫人关上车窗，说不忍在中国地界看见日本人横行。

华世奎与严修先生是儿女亲家，他们一起筹划和组织了天津崇化学会、祭孔活动，发动了城南诗社和国文观摩社等民间团体活动。目前在天津文庙及一些文化设施处还留有他的笔迹。比如东门一进口文庙的那个牌坊“德配天地”“明伦堂”，都是华世奎所写。文庙的祭孔活动当年由严修主持，严修去世后，一直是华世奎主持祭孔。

谈到华世奎，世人印象最深的还是他的书法，甚至连不写字的人都知道天津的劝业场、同仁堂的牌匾是华世奎写的。他 1903 年写“同仁堂”，1928 年写“劝业场”“隆顺榕”。华世奎的书法风格浑厚雄伟、方正刚劲，小楷可以写得比蝇头还小，形成了自己的艺术风范，当年与孟广慧、严修、赵元礼并称为“津城四大书法家”，享誉海内外。

·华世奎题写的天津劝业场匾额至今仍悬挂在店堂中

华世奎的书法启蒙于他的祖母。他的祖母姓江，娘家在天津河北堤头，才华横溢，专攻工笔花鸟画，尤以画蝴蝶最精，华世奎的诗集里有几篇都谈到了祖母及其画艺。祖母对他的书法影响极深，因为华世奎是长孙，从 3 岁起就随祖母练字。他的父亲华屏周也是天津一个名士，屡试不第，和天津市的另八位文化名人结成九老会，并发誓严格克子，把自己未了的志向寄托在华世奎身上。他一定会指定书目，亲自讲授，并多次带着华世奎去各处求教。有文人至交来家里，父亲就让华世奎站在旁边听着。华世奎学习书法，先后宗法秦汉碑帖与唐颜真卿精华，后来又结识了中华书画巨匠吴昌硕先生。

华世奎写大字榜书——目前写牌匾的人已经很少有人那么写了。当时华世奎写“天津劝业场”五个大字的时候，是我父亲亲眼在旁边看着他写的，他把三张八仙桌子排在一起，用大提斗笔，使出全身的力量，甩开膀子写。现在很多牌匾都是写小的再放大，能写大字榜书的，必定功力深厚。

华世奎之所以能够练就这身本领是跟他父亲的教育分不开的。比如说，华世奎在练字的时候，他父亲在旁边守着，抽着长烟袋，不断地在华世奎的笔杆上放铜子。开始时放一个，逐渐往上码，直到放上一摞铜子。华世奎在运笔当中，必须非常稳健，稍微一颤，铜子一响，不管当时铜烟袋锅烧到什么程度，他父亲照他脖子就是一下，所以后人发现华世奎的脖子和后背处有好多处烫伤。可以说，他父亲的要求有些残酷了。另外还有一个故事，就是他父亲和天津市的九老会经常在一起作诗、喝茶。有一次大家一起作了一首诗，三百多字，华世奎父亲把他叫来说，我们洗了九张照片（那照片不会大于现在的16开纸），你把这首诗抄到这九张照片背面。这首诗前面还要加上九个人的名字和当时他们的年龄。当时华世奎33岁，他父亲华屏周58岁。华世奎父亲要求他先用纸写一遍，批准了再往照片上抄。华世奎就一张一张地写，写一张他父亲就撕掉一张。当时的小楷，即便是三百多字，也要写一阵子了。写到最后一张，他父亲说行了，就照这个写可以了……华世奎最后写的那张在我手里珍藏。

华世奎对自己的作品要求还是非常严格的，无论是卖字还是应酬之作，都一丝不苟。他曾经对人讲："做人要正，写字要正，人正字才能正。"所以他总是严格要求自己和自己的作品。华世奎这个人非常讲义气，对穷人乐善好施，从来不趋炎附势。他看不上的，他认为是小人的，你拿多少钱来买他都不卖。街坊邻居有穷人吃不上饭的，他就用他的字去接济。当年也有受灾的地方，有一次四川受灾，他就及时筹办义展，然后把所得四千多元全部捐出。另外他还支持他的亲家严范孙先生兴办新学。严先生在当年不是什么富豪，只是个文化人。大家都知道严先生在清末民初这个阶段，在兴办新学以及奉劝朝廷取消科考这方面在中国文化上是有巨大贡献的。当年华世奎为了支持他兴办学校，就捐助了他白银一千两。

关于华世奎的故事有很多，有些是善意的杜撰。关于他的小辫子的传说，世人一直只知其然不知其所以然。当年在清朝，辫子是很重要的，人们认为他宁死不剪辫子，是忠贞不渝。辛亥革命以后，很多人都剪掉了辫子，华世奎一直坚持到1942年去世都不剪，其实有更重要的原因。他说，小时候每天早晨起来都是母亲用手给

·2003年拆除前夕的华家大院正屋

他捋头发梳辫子,“不忍伤一丝”。及至成人了,去北京赶考的头一天,他母亲唯恐晚了,不睡觉,帮他听鼓——也就是听打更的。华世奎这一生,从不到浴池去洗澡,他说,我的全身哪怕一根头发都是父母所赐,不能有一丝一毫失落。这也看出来他把辫子视作维系母子亲情的纽带。所谓醉写劝业场也是戏说。写“劝业场”是在1928年,华世奎在这之前是吸鸦片的,他回避官场后很寂寞,就染上了鸦片,大约抽了十几年。后来他戒了鸦片,留下一个拉肚子的毛病,最终去世也是由于这个毛病。到晚年腿不好,走路一瘸一拐,就是因为这个烟后痢,最后在北京协和医院去世。他滴酒不沾,怎么会醉写呢?

提到华世奎总不免会提到老城厢。老天津人都有一种老城情结。我本人从出生到小学、中学,都没有离开老城厢,所以老城厢的一草一木、每一个角落、每一块砖瓦,我都深深铭记在脑子里。我出生在东门里华家大院,曾经在东门里小学上学,后来上的通澜中学、三十七中。提起大院,话题更多。记忆当中,除了华家大院,还有姚家大院、卞家大院、王家大院、徐家大院、柳家大院……另外老城里有好多名人,比方说除了华世奎,从老城里还走出了王襄先生和孟广慧先生,他们分别是首先发现甲骨文的文化名人和书法家。像作家刘云若、戏剧家焦菊隐,还有李叔同、周恩来、邓颖超,也是老城的常客。据老人讲,当年周恩来经常穿梭于这几个大院,因为他在这里有好几个同学。

我们华家大院坐落在现在的文庙和鼓楼之间,原来的东门里大街,门楼很高大,坐南朝北,黑漆大门,在左右抱鼓石下面有九级台阶,所以人们一提到华家就说“高台阶华家”,这已经成了一个符号。华家院里有一个箭道,左右东西有二十六进套院,多为四合院、三合院,印象里特别像一个繁体的“华”字——就是我们家的姓。这个大院东面直接石桥胡同,西面临界于大费家胡同,后面隔一个门就是二道街——老城人叫二道街子。每当我看电影也好,看书也罢,看到《红楼梦》,看到巴金先生小说中、曹禺先生剧中的一些场景,都备感亲切。华家大院里花园、祠堂、客厅、过厅、厢房,应有尽有,房子都是青砖灰瓦,四梁八柱,不是多么豪华,但是也很雍容。这些给我印象极深,是我大约半个世纪的书画生涯当中唯一可以不用资料,随手就能画出的一些素材。

这个大院的第一代主人是华文炳,他是在康熙二年(1663 年)从江苏无锡来的,早年带母亲进京赶考,中途因为母亲病重滞留在天津,直到母亲去世。华文炳从此不思功名,终生为母尽孝。

华家祠堂非常有规模,前面有三面进出的汉白玉石栏和台阶,六根走廊柱是朱红色的,有两三个小孩才能抱过来那么粗。这里后来被一个武术社租赁,再后来变成天津衬衣厂的一个餐厅,可以供百人在里面就餐。

华家的祖训是:“世态炎凉,不为炎凉随世态;家声清白,还从清白振家声。”

每年大年初一有祭祖活动。华世奎无论在哪,初一早晨他必到祠堂来祭祀祖先。祭祀时有男下人悬挂悬影、绢画,我还记得一打开就有一种檀香味,轴都是非常珍贵的檀木,甚至还有翡翠的,悬挂起来大约有一百多幅。在我的记忆当中,悬影中有一位祖先的头上蒙着一块大红布,我很好奇,我父亲讲这个影是在人去世后画的,这位祖先为国捐躯了,在战场上没有找到他的头颅,所以只好蒙上一块红布,供后人祭奠他。

华世奎常年在北京宫廷里做官,在北京有家,他就把天津的院子交给我爷爷管理。华世奎每次回东门里的时候,总是先到我的祖父华世同这里来。华世奎在天津有三处房产:在天津石桥胡同有一处;在华家大院东面有一处;在老城里有三间,这三间屋子里面还有东西。实事求是说,这大家族里头也有三六九等,也有在外边抽大烟吃喝嫖赌的,在外边没有钱了就有人想拧门撬锁偷东西。我祖父给华世奎捎信说:“七哥啊,我不能天天白天晚上给你守着啊,有人已经打你那些东西的主意了,怎么办?”华世奎说:“家具你愿意留就留,不愿意留就找拍卖行拍卖了,你把文玩字画这些东西给我带北京来,剩下的你全权处理吧。”房子呢?那时候我父亲还没结婚,华世奎就说:“房子归你儿子了,让你儿子在那结婚。”我爷爷把华世奎珍藏的东西拿到北京,华世奎过目以后说:“钱你拿走,把这些东西给我。”我爷爷说:“这样的话,咱这关系就远了,我一分钱不要,你如果舍得,这包东西里头我挑几件。”我爷爷说的东西里面包括华世奎在他母亲坟前即兴用白布挂上浆写的十多公分的一个字。天津市有几个书法家看了以后说：“这东西绝对是精品，要存好。”当时华世奎说：“你挺有眼力！我只有一个条件：这些东西就是穷死也不要卖了，要保存好！”

就因为是华世奎的后人，十年浩劫当中我家损失很大，家里被抄了三次，掘地三尺，连墙都给凿了。但是这些东西，我费尽艰辛，把它存了下来，是侥幸，也是不幸之中的万幸。我父亲就在华世奎留下的房子里结婚——那也是华世奎出生的地方，1946 年我在那儿出生。真巧，华世奎大排行行七，我大排行也行七，我的名字叫克齐，就是“七”的谐音。

开银行的铁门张家

◎ 讲述者：张政林 1930年出生 曾住南门里张家大院

我们家老宅在老城里，那个大院在南马路，从城里一直顶到大寺那儿，那么一片可能有一百多间房子。我们家是大家族，我爷爷行二，还有大爷爷和三爷爷，他们都住在这个大院里。我大爷爷叫张子珍，我爷爷叫张子元，我三爷爷叫张连第。

·大生银行经理张连第在家中（图片提供：张政林）

我们家都是银行界的，从我爷爷这一辈，我三爷爷先是在北京有个大生银行，后来在天津也有大生银行，我三爷爷是董事长，在银行界有些

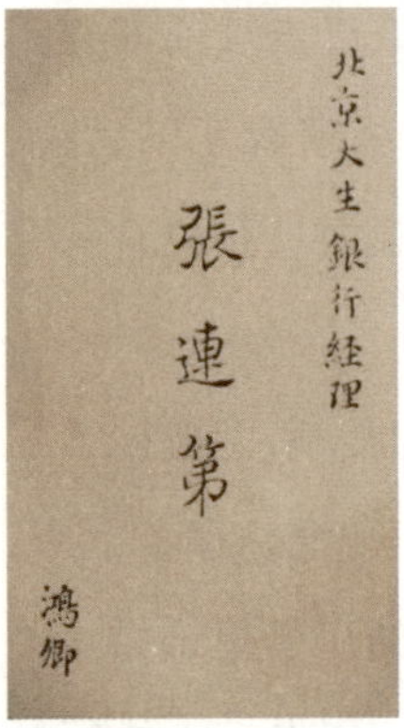

·大生银行经理张连第的名片（图片提供:张政林）

名望。

他们下一代，就是我的几个叔叔、大爷也都在银行：我二叔在盐业银行；三叔在日伪时期的正金银行，后来转到川康银行，就在百货大楼正中书局旁边；我四叔开始在银号，新中国成立后到人民银行；我六叔、十叔开始在中国银行，后来到人民银行；我五叔在中南银行；我八叔在浙江兴业；我九叔在上海银行……他们一共哥儿十二个，我最小的一个叔叔是前几年没的，现在要是活着也九十多了。我们这一辈我算最大的了，上一辈的都没了。

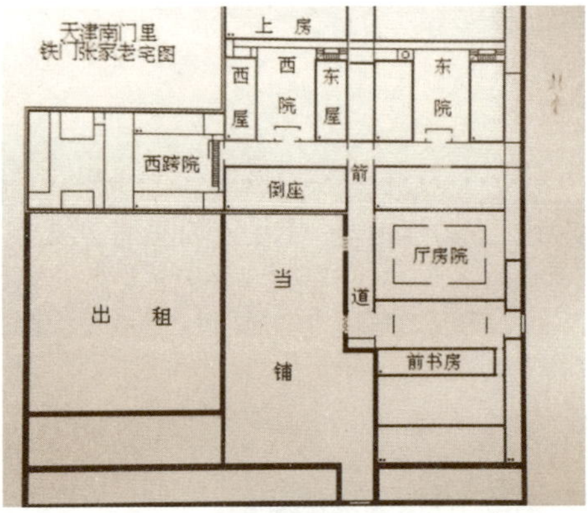

·张家大院平面图，背景图片为张家大院内景（图片提供:张政林）

老城厢改造时，我们还都回去看过老宅。我们都生在老宅，我到二十多岁还住在老宅里。那一片房子有一百多间，分好几个大院，光大小箭道就好几个，还有厅房，四面走廊。南门脸的那个牌坊就在我们墙根儿，直到我小时候还有。

我们家号称“南门里铁门张”。为嘛叫“铁门张”呢？原因就是我们家那个大黑铁门，里面还有一层大厚木头门。

那个铁门在城里是少见的，为的就是防盗防抢。

我们小时候都在大院里头住，哥儿十好几个。爷爷跟我大爷爷在家里边，我们都出去上学。

我们除了上学，平常都在家。很少出去，街坊邻居我们都不熟。

我爷爷奶奶有规矩，得早上问一遍安，晚上问一遍安；老人要是出去，大家就得送到门洞；老人不回来儿媳妇不能关门睡觉。规矩是挺大，但也有好处，家里子弟没有吃喝嫖赌的。

家里的红白喜事，基本上就跟《红楼梦》里写的一样。我有几个婶，娶的时候先晾轿，摆出来晾个一天两天。办白事，我大爷爷的灵堂不是搭棚，就是自家院子。到我爷爷办白事的时候，还有送路的，都在夜里，过金桥过银桥。过去讲究念经搁几“七”，我那个大爷爷可能搁了十一“七”，一“七”七天，那不就是折腾嘛！像我们这些孙男弟女都得披麻戴孝。过去是真能摆楞，红白喜事就看你家家底！棺材得上几道漆，家里面都有坟地。我们家的坟地在现在的河东和平村。家里有祖坟，还有棺房，人死了以后得先进棺房，然后才能正式入土。

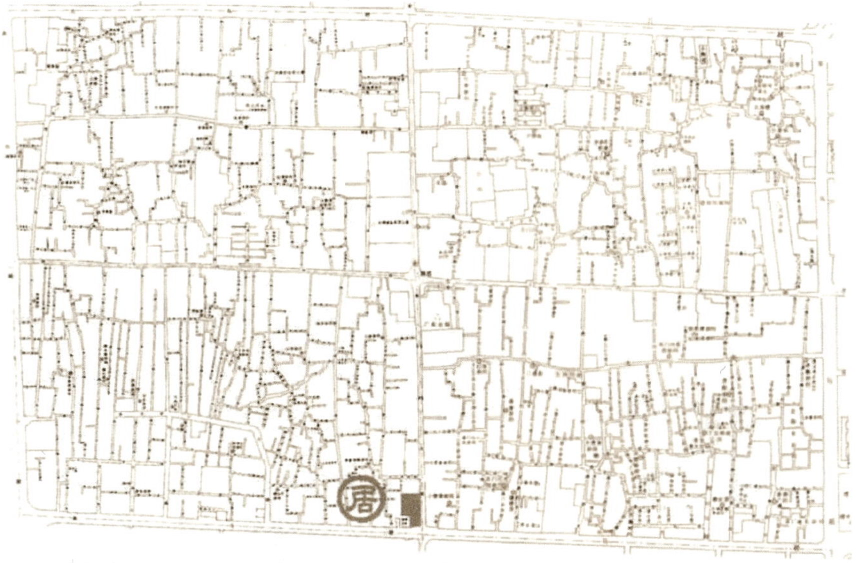

· 当年铁门张家院落在天津城里的位置

大家族里人多。逢年过节的时候，张灯结彩，在院子里头上供。一般三十晚上，院子里就没有串门的了，小辈给老人辞岁。到初二开市的时候还得有个团拜，小辈得给老辈磕头拜年。

我三爷爷住的那个院在我三爷爷搬走了以后改成了福源当——一个当铺，就在南马路上，再后来改成人民银行了。这个当铺是我三爷爷和我大爷爷、爷爷一块儿干的，后来我爷爷不干了，就是我三爷爷和我大爷爷一块儿干。福源当进去以后是个厅，不大，有大高台，后面有大方桌子，典当师看看货物真假、值多少钱。还有个二道门，进去是个大院子，后面那个门还有临街的当铺，还有个大库房。

后来，我们这个大院就归公了，原来的大铁门拆了，门墩也落下来了。铁门张家门口，现在改成马路了。

严修后代忆旧宅

◎ 讲述者：严仁覃 1921年出生 严修（严范孙）之孙 曾住严翰林胡同严宅
严文蔚 1937年出生 严修（严范孙）曾孙女 曾住严翰林胡同严宅

· 严修之父严克宽影像

严仁覃：祖父去世那年，我8岁。严家是个大家庭，因为祖父那一辈是兄弟两个人，所以分了东、西两个院。东院是我大爷爷（严香孙）那一支，西院是我祖父这一支。我大爷爷去世早，只有一个女儿、一个儿子，人口比较少。我祖父当家，我父亲这辈有四个：大伯父、二伯父、我父亲，还有一个叔叔。我们家的这个大院是由很多四合院组成的，并不是一次性建成的，而是一次一次扩建起来的。比如说最后一个院子吧——我们叫它姚家院，就是邻居卖房子时买过来的。

我们那个院子还有一个特点：有一部分是南开中学的前身，这个历史问题大概报纸上说得挺多的。因为原来是学校，所以占地比较大。20世纪20年代以前有马车、马号，后来改成汽车库，可以停两辆汽车。还有小运动场——有半个篮球场那么大吧，还有单杠、双杠、秋千什么的。另外原来中学有个两层楼七开间吧，后来楼上改成书库，我祖父的藏书都在那个楼上。楼前面有院子，20世纪20年代初那大院当中改建了一下，有小花

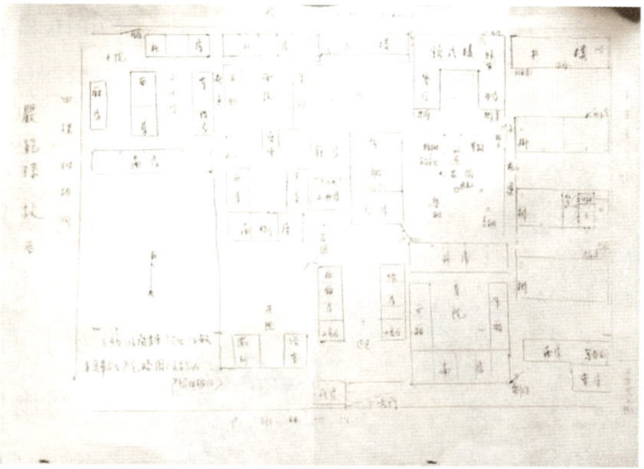

·严家老宅平面示意图（图片提供:严文蔚）

园,有假山石,有很多树。

东院就是一个大四合院,院子大,还有天棚——就是拿席盖着的顶棚,夏天可以卷起来的那种。因为院子比较大,所以有的时候在那个院子里头聚会。我还记得有一张家里头的照片就是在那儿照的,好几十人,是鼎章照相馆用那种能转的相机照的。罩棚实际上是比较大的建筑物。我记得家里有两个小礼堂似的罩棚。一九零几年以前的那个老罩棚,厅房里挂着两副对联,一副是曾国藩写的,一副是左宗棠写的,具体什么字我不记得了,我祖父正式接待客人时就在那里。另外在那个厅房后面还有一个老罩棚。我小的时候,我们这一辈兄弟姐妹比较多,有时候聚会、演个话剧什么的,就在那里,这是老罩棚的用途。

还有两个新罩棚,其中一个是原来幼儿园用的,那个罩棚比较大,地板上还画着圈,是供幼儿们在那儿玩的。我祖父那时候有诗社,他们就在那儿聚会;或者合奏中国音乐,也算自娱自乐吧。我还记得他们演奏的一个曲名是《渔翁乐陶然》。

另外还有个新罩棚,我祖父在那儿办的"金婚式",那大概是在1925年,有来宾、家里人聚餐,人很多。还有表演的:有变戏法的,拴着个绳子,变大鱼缸什么的;有一个有名的谭老头踢毽儿;还有曲艺。新罩棚比较大,当时那个聚餐是头一次摆西餐,长桌子,周围还摆着菊花,我们这些孙辈、重孙辈,一人一盆花,那上面都有名字的。变戏法的还变出一盆花来,那盆花的主人才1岁,是东院我大哥的孩子。

家里的布局就是这样,有新罩棚、老罩棚,前面有厅房,前院是账房,再往前就是大门。大院东南角是马号,后来改成汽车库。另外还有一个院是祖先堂,供奉祖先;旁边有一间酒房,就是酒库——因为我祖父原先在清朝

·拍摄于民国年间的严家老宅照片（图片提供：严文蔚）

学部做官，每年皇帝赐给酒，年头越来越长，到后来有八十多年的黄酒。大院并不是一个整个的大院，是分散着的一个个四合院。比方说在厅房旁边单有一个小院，那是书房。前面还有月亮门，有一棵大枣树。

我出生的时候，我祖父、祖母住在一个四合院，还有一个没出嫁的姑姑——我这个姑姑比我大20岁。大客厅、大饭厅是连着的，中间有几个拉门。饭厅里有留声机——就是那种铁制的大喇叭留声机，还有风琴，客厅有钢琴。我祖父在的时候，孙子辈儿的这些人晚上都在那儿，有时候拉弦儿，有时候奏点中国乐，有时候唱京剧小段。有一次晚上，我祖父高兴，还演了一段叫《一元钱》的话剧，祖父在饭厅那边表演，我们大家在客厅这边看。有留声机是因为我祖父喜欢京剧，他有好些老唱片，都是高亭公司出的，前面都是“高亭公司请梅兰芳老板唱什么什么”“请余叔岩老板唱什么什么”。另外这些孙子孙女们有时候也一块儿弹琴、一块儿唱歌。我还记得当时有一本大概是美国出的《101首歌曲集》，英文的，大家一起合唱。类似这种业余活动还是很多的。

再说说家里面的规矩。我祖父原来当过学部左侍郎，主管教育。我出生的时候已经是民国十年了，家里从礼仪上也彻底改变，没有磕头了。我小时候对长辈就是三鞠躬，对平辈是一鞠躬，在祖先堂祭祖的时候也是这样。这个改变还是比较新的，因为我的同学、朋友们家里面还都是磕头呢，可我们家已经没有磕头礼了。

出去上学，出门前要到爷爷奶奶那儿说：“爷爷我走了，奶奶我走了。”下学回来也先到爷爷奶奶那儿说：“爷爷我回来了，奶奶我回来了。”我记得有一次我下学回来——那时候我大概上小学二年级，进门去说："爷爷我回来了，奶奶我回来了。"看见我爷爷在那儿坐着，我奶奶在那儿给他捶背，我就说："我来。"我爷爷很高兴，还夸了我。另外爷爷要求不许上同学家去串门，同学也别到家里来，所以我小时候没有同学来过家里，我也很少串门。

家里要求我们每天写一篇大字，在我爷爷的小书房里有个大乒乓球桌子，大家都在一块儿写。看我们写字的是我爷爷的一个表弟——我们叫表爷，给我们评"优、良、可、劣"。每个月我爷爷检查每个人写的大字，写得好的还有奖，其实是很少的钱，算是一种鼓励吧。

我们小的时候体育活动也多。家里有半个篮球场那么大的地方，有个篮球筐，我们就投篮或者打秋千，学校学生开展的那些锻炼，我们从小的时候就接触了，这对我们也是很有好处的。

严文蔚：我是第四代。我父亲是严范孙的长孙，从年轻时在南开中学上学，后来就留在学校做职员。20 世纪 30 年代，我的曾祖父严范孙已经不在了，我父亲去重庆建校，就是去重庆建那里的南开中学，那时候叫南渝中学。1937 年，他把我母亲也接去了，我就在那儿出生。

·严家后人在重庆南开中学合影（图片提供：严文蔚）

我 1946 年从重庆回来。那时我的曾祖母——就是严范孙的老伴已经没有了，她是 1945 年过世的，高寿。我的祖父也没有了，剩下我奶奶，我们就住在西北角严翰林胡同严氏故居。

旧居并不富丽堂皇，是老式民居。里面有三座楼，一座楼就是我曾祖父严范孙住的两层楼，后来是我祖母住。还有一个楼是专门藏书的，里面不住人。那是一座灰颜色的两层楼，完全都是藏书，后来所有的藏书全都捐献给天津图书馆了，在这一点上，严氏后人所有的人意见都一致。藏书里面包括严范孙的日记，后来出版了。再有一座楼是住人的，我在那儿的时候就已经没有什么人住了，空着了。

这三座楼都是西式的，前面有一个厨房。这个院子是中西合璧的那种，我曾祖父住的锁式楼里，有地下室，上面有一个外跨的楼梯，上去以后就有走廊，走廊四通八达。严范孙有一张老照片，是跟他一个侄重孙一起照的，就是在这个楼前面照的。楼前面有一个花园，比较大，中间有山石，有柏树、梨树、杏树。

后来在重庆道的所谓严范孙故居，有牌子，但那不是真正的严范孙故居，是严仁曾他们的后代住的。

我记得我的祖母很有文化修养，她是南方人，那会儿我们上学回来她就教我们古诗词呀，唱歌呀，给我们排节目呀，我们从小就受这个熏陶。我父亲做人比较低调，在南开服务了一辈子。从南开中学回来以后就到了南开大学，搞基建。学校建设这方面，像南大主楼、木斋图书馆，好些都是在他主持下修建的。南开的建设有这么一个传统，就是重视质量，一丝不苟，特别严格。我就记得他年纪比较大了还上脚手架，就是自己亲自爬上去检验工程质量。所以你看南开中学那个范孙楼，多结实呀！后来一直到他晚年，南开调整，才把他调出来，但还是做基建。

· 严修曾孙女严文蔚夫妇（图片提供：严文蔚）

我们这一辈人在“文

革”以前能读书的就尽量读书，再小的就没赶上。我北京的一些叔伯兄弟也是恢复高考以后上的清华、北大，对国家贡献也不小。我比较平凡，教了一辈子书，当了一辈子老师。从家庭教育这方面，我得到的应该就是自立自强吧。

老城里面名人多

◎ 讲述者：高立成 1949年出生 原南开区建委副主任 老城厢改造工作人员

· 高立成在南开规划馆接受笔者采访

老城在天津近代教育中发挥了很大作用。有个人叫梅贻琦，生在板桥胡同，他是历史上任清华大学校长时间最长的，后来死于台北台大医院。还有张伯苓、严范孙这些人，和老城的关系都特别密切。废庙兴学的那一段时间，老城里那么多庙宇都变成了学校，所以老城里出来的孩子们从小受教育比较好，那里出的人才也多。

有很多在咱国家、在天津特别有名的人物，都和老城有特别密切的关系。民主革命先驱孙中山曾经两次到老城广东会馆发表演讲，他演讲的内容不长，但特别让人振奋。孙中山第二次来天津后到北京，因患肝癌在那里去世。老城里的历史人物各个领域都有：有实业家，搞民族工业的；有搞教育的、搞文化的；有戏曲家、书法家、画家……从这里走出了很多在历史上能有一席之地的名人。

戏园与会馆

天津老城厢及其周边，有着各种各样的公共建筑设施。

说起娱乐场所，这里有戏院、影院、茶馆。有人群的地方就要有娱乐，有娱乐的地方就要有表演场所。一方舞台演绎世间万象，老城厢一带的这些舞台上曾经名家荟萃、精彩纷呈。

说起具有功能性的建筑，会馆绝对值得一提。百年前，会馆是驻津的外埠官僚、富商为了便于同乡之间在商业上的业务联系，促进同乡之间的友谊，加强团结互助发起并建立的一种地域性公益组织。会馆为什么会应运而生，又为什么因时而衰？老城厢的地图中隐藏着哪些会馆？会馆里又曾发生过怎样的故事呢？

名角荟萃

老城梨园

◎ 讲述者：张国贤 1927年出生 曾住老城里张志尧胡同

我小的时候，金声茶园已经改名为元升茶园了——因为在元升胡同嘛。说是茶园，其实也不卖茶，就演无声电影，有《荒江女侠》《西游记》《红楼梦》……《哪吒》演一大本，从哪吒出世降生演到哪吒打小龙王，后来四海龙王报仇，再后来师傅给哪吒恢复原身。《红楼梦》呢，演黛玉焚稿，不过实在没法看，那林黛玉形象恐怖，照出片子来黑乎乎的，难看极了。那个园子，台上就是用一块大白布幔罩上了，楼下是大条板凳，楼上有包厢，上座也不多，卖钱也不多，后来就黄了。

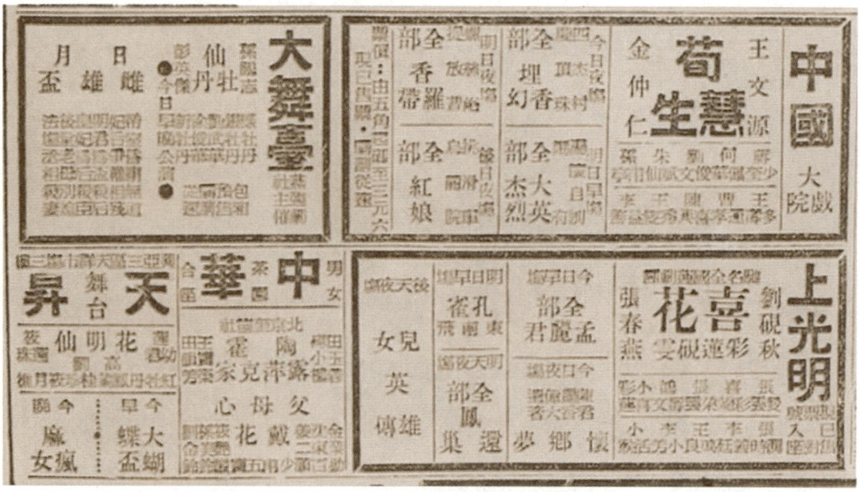

·1943 年 8 月 28 日《庸报》上刊登的上光明、大舞台、天升等戏园广告

离着老城近的还有一个“第一台”，又叫“上光明”，在南市的东升大街，我小时候常上那儿看戏去。第一台有时候也演连台本戏，我看过的印象最深的是《李存孝出世》《残唐演义》，还有《石头人成亲》。《石头人成亲》说的是一群农村小姑娘到郊外采桑叶，路过坟地，两边有很多的石人、

石马，大伙开玩笑说你们谁能把篮子扔在石头人脑袋上，石头人就跟她成亲。居然有个女孩就把篮子给扣上了。夜里睡觉，石头人上她们家来了，那石头人的扮相像纸糊的一样。后来打仗了，演刀劈面门，三个人演：两个人演一个人，那纸糊的两个人合在一起出来，那边再出来一个人演一把大刀，这把大刀在那两个人头上一劈，劈开了……我当时十一二岁，看着可高兴了。

大舞台在荣业大街，也是我小时候去的最勤的地方，那里也是楼上、楼下。我去的时候还没有电灯，还点气灯，晚上演戏的时候，特别是到冬天下午四五点的时候，戏园子就发黑了。台上发黑，台下也发黑。看戏看不见人，光听见唱，光听见锣鼓响。有几个穿便衣的，短打扮，都是电工，拿着气灯从台口把绳子挂下来。气灯里面的灯芯是石棉的，里面搁上水和电石，还得用气筒往里现打气，气打足了，电石气蒸发了，石棉里面就有气了，一点“砰”一下子就亮了。演着演着戏气不足了，再把灯系下来，得接着打气，又亮了，再提上来。到我 13 岁左右的时候，就改电灯了。不光是大舞台改了，天津市各剧场都改了。

演员在台上演戏的时候，一般演员的灯光是一般亮度，等主演一出来，唱完导板，一亮相，台前的这排灯亮了，顶灯也亮了，亮度增加了好多倍。观众就给主演来个碰头好，电灯也能起这个效果。

那时候的大舞台、新民戏院也好，第一台也好，门口带广告，老城还延续着城乡过渡的特点，农村的剧场演出都是前台口那儿摆上案子。今天演什么戏，就把什么服装搁上。一般观众一看，摆这么鲜活，花花绿绿的，都是刺绣的服装，还有盔头、刀、枪，嚯，这戏肯定热闹，“外行看热闹”嘛！可内行一看就知道演什么了。比如说门口摆八个大锤，搁几个石锁，搁个大墩子——都是木头做的，今儿就演《艳阳楼》；摆个枷——四方块的，今儿演《野猪林》，因为那是林冲发配时戴的；要是搁个鱼鳞枷，则演《女起解》。

演戏的时候，戏园子里挺热闹，都有三行服务。哪三行？头一行：扔手巾把儿的，那属于剧场表演项目之一，那可了不得。这个手巾把儿是多少条手巾都洗净了，搁在开水里头，连煮带烫，热极了，拿出来挤净了，拿一个手巾包上，从锅炉房拿着到剧场里头，得扔。这一进剧场的前门，往台口那儿扔，那边人接。扔得准呐，接得也准。要是接不准得把人砸着、烫着。扔的时候有讲究，有身段。来个“张飞翩马”，打腿底下过去；来个“苏秦背剑”，从背上过去。扔过去，那个前台的接住往外发给顾客和观众。

第二个行业是茶房，也有个名，叫“提了把子的”，提什么把子？提茶壶把子。最早的戏园子是茶桌，后来改成一排排的椅子了。这里分熟主和生主。临时来的客人给他的茶是茶房预备的，先问他喝什么茶：花茶、绿茶还是红茶？价钱有贵的，有中等的。熟主顾、常来的，给留好座，他得给小费。茶房有六七个人，每人负责一排两排，没工资，全凭给客人留的好座——不吃柱子，不靠边，离厕所远不闻味——就靠这个赚小费，另外再赚点儿茶水钱。花小费来订座的主儿，喝茶讲究，他不用你的茶叶，他自个儿带。小铁盒，扁的，给茶房，让你给他沏，搁在你那儿，下回来你还拿这个给他沏。

第三个行业是卖零食的。糕干、糖堆儿、崩豆儿、萝卜……那沙窝的大青萝卜拿刀一旋，顺着刀往下流水。还有卖乌豆的，卖瓜子的，卖果仁的，多了去了！茶房还有一个收入：常客也好，生客也罢，座位是归我卖，我提前弄四个小碟摆在那儿，瓜子、果仁、糖块，还有小青果、小金橘，这些都是茶房的收入，一般说茶房卖什么，就不许别人再带什么进来。还有的人打发茶房到外面去买包子、锅贴、煎饼果子回来，在里面就吃上了。我 12 岁以前，赶上上剧场花铜子；后来日本人来了，把大批的铜子运走去做军火，就发铜子票，再后来发拿镍做的小钢板，那种钢板扔在水碗里不沉底，所以大伙儿都管它叫“鬼钱”，表达抗日的情绪。

在花铜子的时候，城里的演出不卖票，也不对号入座，一丈来长的大板凳一条条地码着。来得早的坐前排，来得晚的坐后排，所以看戏得早到。戏园子会用各种响声来招徕观众。远处听不到的观众，看贴出的戏报子：一张大的粉帘纸——或是绿的、黄的，上面写着梅兰芳、金少山。怎么写可有讲究，金少山的“金”字最大，“少山”俩字小，蹲着，排成一个品字。梅兰芳，“梅”字最大，“兰芳”俩字小。杨小楼，“杨”字最大，在底下好像是坐着的。旁边竖着的，比如张国贤、刘岚涛，表示这是站着的，属于挎刀。底下的这排是蹲着的，再底下这排是躺着的。这就能看出来谁是主演，谁是助演，谁是配演，谁是一般的角色。这个海报贴出去，常常叫要饭的揭下去。冬天天凉，要饭的没衣服穿，揭下戏报来披在身上取暖。所以相声《学四省》里有一段就是讲要饭的“披着戏报，前面是金少山，后面是梅兰芳”。

观众进去看戏了，又没买票，怎么办？半截儿收费。从下午十二点或一点半开始演，一直演到晚上五点半、六点，甚至六点多。到后面压轴戏的时候——就是主要演员上场的时候收费。两三个人，一个人负责收费，一个人负责扛个柳条编的大簸箩。从前排开始收，三个铜子的、五个铜子的，一扔，“哗啦”一下子。我小时候跟我外祖父、外祖母看戏，跟我祖父看戏，带我弟弟看戏，都是这样，半路收。

一般看戏就是为了文化、娱乐、消遣、找乐，来收钱时就由我来给。有一些军警、黑社会或者有点儿势力的，不给钱，到他跟前儿说“打钱”，他装听不见。“打钱！”“认识我吗？”“不认识。”站起来“啪啪”左右开弓打嘴巴子。“这回认识了吧？”“认识认识。”负责收费的不敢要钱了。后来不同了，改成一排排椅子了，茶房分座、包座。这时候门口售票了。一个戏园子七八百多座，一张票五大枚或者八大枚，收个七八百人就得一大筐钱了。再赶上节日——正月、五月、八月、腊月，卖的钱还多。到了散戏的时候，怎么分钱呢？前台跟后台二八劈账：前台二，后台八。俩人拿一个大杠，把一大筐铜子都挑起来，拿个大秤称。三百斤、四百斤、七百斤……如果要是八百斤，一百六十斤给前台，剩下的都给后台。后台给演员分，前台给职工分。再分的时候拿小秤，给谁多少，得拿兜子兜着。

那时演出台底下的气氛特别杂乱，谈生意的，两家闹家务跑园子里散心来的，说着家长里短的，整个戏园子哇啦哇啦乱极了，有时候还能打起来。所以戏园子前面有时候还挂一个大牌子：“奉局谕禁止喧哗。”“局”是指警察局。一进戏园子门口有个大方桌，摆着茶壶、茶碗，沏上茶，那叫“弹压席”。有小偷、打群架的、扰闹剧场的，从这出来人就抓，有谈政治的他也抓。警察或是地界上有势力的人经常坐那儿看戏，不花钱，但是不得看——就在一进戏园子门口那儿。

再说一个春和剧场。它曾经叫过很多名字:光华剧场、大明电影院,后来改成工人剧场,再后来又改成劳动剧场,就在现在滨江道北边。那儿也演电影,我在那儿看过《渔光曲》,是王人美主演的。那里在1934年左右还演过话剧,有顾梅君演的《日出》《雷雨》。后来着过一把大火,把后台给烧了。这一烧不要紧,后面银行的窗户上有防盗的铁栏杆,铁栏杆都给烧弯了,玻璃都被烧化了,可见当时火势有多大。

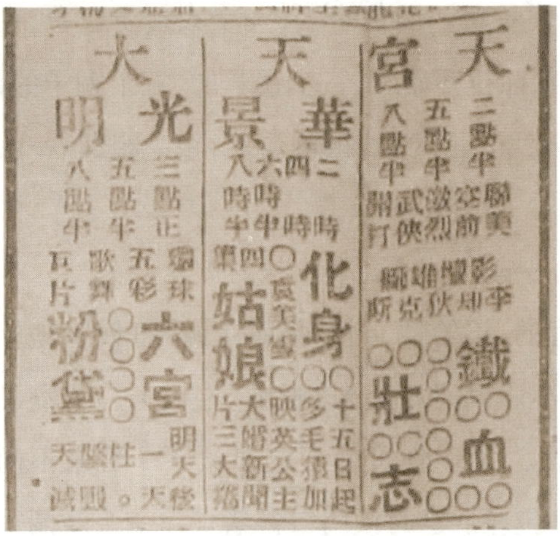

·1948年1月21日《天津中南报》中缝上刊登的天华景、天宫、大光明等戏园广告

再有就是天华景。天华景的戏台前后有两拨戏演:大稽古社和小稽古社。大稽古社是高静轩、朱小义、梁一鸣、赵美英、张德发这些人演,连台本戏演《三国演义》《七擒孟获》,带机关布景的戏演《云锣山》《天河配》。天华景演戏的时候也做广告,除了在报纸上登广告之外,一进劝业场的大门也有广告。比如演《天河配》吧,广告上画一个牛郎、一个织女,还有一只牛。演《西游记》的时候,把孙猴儿师徒四人取经的形象搁上了。《盘丝洞》这个戏在别的剧场演不了,天华景就能演。赵美英演蜘蛛精,最后蜘蛛精被抓了以后在台上转,那个台是转台,有一个大镜子,这个镜子正照着赵美英,这就是天华景招徕观众的手段。现在看来简直不值得一提了,但在那会儿就有点儿高科技的意思。怎么高科技呢?金角大王、银角大王一见唐僧就想要吃他,拿一个瓶子一吸把唐僧吸进去了。之后两个妖怪就回到山寨了,把瓶子放那儿。一会儿,瓶子里面唐僧唱上了,说他去西天取经怎么不易,希望徒弟来救他。二黄原板,唱得有滋有味,弦就在台上拉,演员在瓶子里唱,观众奇怪得不得了,这戏法怎么变的呢?其实唐僧是在楼上唱,楼上开着电扇,他喝着茶水在

那儿唱。楼上有个麦克风，一直通到台底下，瓶子里有个插销，一插，这台口的电源就通了，楼上唱，楼下瓶子里的喇叭就响。还有一个是新华戏院，在东马路上，这个园子净演本戏，比如《乾坤斗法》《桃花女破周公》《黑驴告状》——这是《包公案》里的，就是《打棍出箱》，这些戏都很叫座。

再有就都是些小戏园子了。一种是剧场演出，在西马路，西门北有个地方叫"小楼"。这个小楼演蹦蹦戏，就是"半班戏"，有五六个人就能演出了，演"三小"戏：小生、小旦、小丑。这个半班戏就是评戏，穿的行头也很破，演《五女哭坟》，五个小女孩受后娘虐待，跪在台口一哭，台底下就往上扔钱，同情这五个孩子苦命。其实那是唱戏，要不怎么说"唱戏是疯子，看戏是傻子"呢！

观众都是些什么人呢？拉胶皮的、各大宅门做饭的厨师、饭馆的小伙计、在各大宅门当保姆的。这些人未婚，借这个地方当社交场所来谈恋爱。已婚的上那儿去那就叫出格了。

一般来说上好园子看戏的都是有钱的。1939 年天津闹大水的时候，稽古社还在喊嗓，练功不断。中国戏院有屋顶花园，中原公司六楼以上也有屋顶花园，照样歌舞升平。老百姓们骂呀：这边房塌了，街上漂着死猫、死狗，罗斯福路（现在的和平路）上船划来划去，你那边还唱！大伙儿能不骂街么？

我说的这些都是 20 世纪 30 年代天津老戏园的情况。

娱乐场所故事多

◎ 讲述者：张显明 1935年出生 曾住仓廒街德善里（维善里）

老城的娱乐场所太多了！拿东边来说，东马路上有一个国民戏院，新中国成立以后叫新华大戏院了。那地方我们总去听，净是名角儿在那唱。

比如京剧旦角赵燕侠，那时候有“马谭张裘赵”之说：赵是赵燕侠，马是马连良。赵燕侠是一流演员，她在新华大戏院头一天唱的是《玉堂春》。这个《玉堂春》，我看梅兰芳要唱，也就唱“女起解”那一段；要别人唱，唱得比梅兰芳长一点儿，再带个“三堂会审”；可是赵燕侠就从苏三被卖一直唱到团圆，将近四个小时，一个人一直唱下来。能唱那么长的人几乎没有！赵演出，有两出戏必唱：一出是《红娘》，一出是《玉堂春》。《红娘》既带“红”字也穿红；《玉堂春》里面“女起解”也是一身红。“会审”一场，那三个官员除了当中这个王金龙穿粉袍以外，原来该是一个蓝袍、一个红袍，赵燕侠给他们也改成了两个红袍，这样连他一块儿，叫个“满堂红”。最后再唱一出《红娘》，这叫“红来红去”，图个吉利。

·1950年1月15日《进步日报》刊登的新华大戏院广告，赵燕侠在此演出，广告中注明“东马路国民戏园旧址”。

话说《玉堂春》起解的时候有几恨：恨爹娘怎么卖的我、恨妓院的老鸨怎么样等等，恨这个、恨那个。唱法不一样，有人唱六恨，有人唱八恨，可赵燕侠就唱了四恨。观众一听，就觉得她偷工减料，喊倒好，要求重唱。结果戏园子秩序大乱，赵燕侠就退到后台，有人出来说明，说她是独创一派，唱法和别人不一样。赵燕侠又出来再唱，还是这么唱的。大伙一听，会场又大乱，不让她往下唱了，赵燕侠只好又回后台去了。最后剧院经理就跟赵燕侠商量：“您就按老唱法给大家唱就完了，天津观众就是比较挑剔，听惯了那么多恨了，您一下少了那么多不过瘾啊！”结果赵燕侠说：“我就有我的唱法，我不是学这个、学那个，我这是自创一派，跟别人唱的一样那还叫造派么？我就这个唱法！既然大伙不接受，那我就不唱了！”结果她和戏院经理说:“你出去告诉大伙,赵燕侠不唱了! 退票,你们多少钱买的票都退,预售的票也退!”她还告诉戏院经理:“受了多大的损失,我全部包退,全都算在我头上。”赵燕侠特别有这个倔劲儿,就是不唱了,结果弄得不欢而散。第二天我们这些观众就都去退票了,到那一看,她雇的大汽车把戏箱全拉走了,打那儿以后她不上天津来了。

再说说“评剧皇后”刘翠霞,她唱戏的时候正赶上1939年天津闹水灾。戏是唱不了了,演员们都可以住在园子里,她天天管饭。水灾期间,全剧团人的生活费都由她负责,而且她就和大伙吃一样的。她还组织过很多次义演,水灾义演过,年节时候也义演。封箱戏——就是到年底最后唱一出好戏,收入全给下面分了过年去,她不要钱。那戏有时候比平时还贵,因为她得唱最拿手的、最好的。所以人们叫她“义伶”,说她特别讲义气。

东马路就是国民戏院,北马路那边还有三个演出场所:一个叫华北戏院,华北戏院也挺火,京剧、评戏、梆子嘛都演;还有一个叫天津电影院,专门演电影;天津电影院旁边有个“大观楼”,是专演曲艺的。这几个地方我都去看过,特别是大观楼,因为我们在那儿有亲戚关系,所以经常去,主要是听大鼓、曲艺的东西。再有西马路有个“太平”,在西北角那儿。南马路没有什么电影院,往南到南市里面就多了。虽然南马路上面没有戏园子、电影院,但是它有那么一段几米宽的墙,叫“戏报墙”,南市所有的电影院、戏园子要演嘛了就上那儿贴去。其实那就是个布告栏,四五米长的那么一段地方。今天贴完了,明天要换戏了再贴,贴上好多天也不揭,冬天要饭花子揭去当棉袄披上。

电影院呢,日伪时期得放日本片,日本投降以后就演咱们中国自己拍的片,还有就是美国片了,那时候有《出水芙蓉》《魂断蓝桥》。还有动物题材的就像《泰山》那种片,训各种野兽啊,骑大象啊,跟猴子玩啊,特别吸引人。再有就是一些科幻片,当时不是都有原子弹了么,就有好多关于武器的片子。美国已有彩色的片,中国那时候还都是黑白的,当时的电影明星有周璇、周曼华、李丽华、王丹凤……

我太爷创办了江苏会馆

◎ 讲述者：翁文华 1948年生人 曾住江苏会馆 会馆创办者家属

·2003 年拆迁前的仓廒街，胡同右侧为江苏会馆外景。

江苏会馆由义园、会馆、公茔三部分组成。义园主要是为南方人做寿材，南方人的寿材和咱北方人的样子不一样，南方人故去之后要按照南方人的装扮。装扮之后一个是放在义园里准备回南，或者就是在古北道(原红旗自行车厂)江苏公墓下葬。所以说江苏公墓的流动性很大，三五年后全家要回南，再起灵运走。

我是 1948 年生人，老家在江苏吴县——现在的吴中区。我爷爷去世的时候我还没有出生。翁氏家族从我曾祖父翁庆甫开始，清光绪年间跟着同县人吴大澂(清光绪年间广东巡抚)在天津和江苏之间跑漕帮运粮。吴大澂在堵黄河口的时候(光绪十三年黄河绝口)，调的船都是南方漕帮的船，砸船堵口，之后我太爷爷基本上就没什么船只了。借此机会，由于吴大澂和我太爷爷是老乡，就推荐他到天津来。来到天津之后，吴大澂的亲信来和太爷爷商量成立江苏会馆，让他主持。

当时的江苏会馆分东院和西院，西院就是翁家住，共十间房。等到光绪三十一年会馆建成后，我太爷爷才把家眷从南方接来。当时来的是我大爷爷(当时 12 岁)和七爷爷(当时 10 岁)，过了没几年我太奶奶因水土不服去世了。后来我太爷爷又在天津续了一房，与闫氏结为夫妻。我大爷爷跟这继母不和,就回南方了,到最后就失去联系了。

我喜欢问父亲和叔叔一些家里的事,很多事情都是他们讲给我听的。据说我太爷爷来天津之后,在漕帮的威望还是很高的。刚开始时在东门外管事儿,从江苏来了老乡会来找我太爷爷。我太爷爷也还是挺能经营的,过了不久江苏同乡会有钱了并逐渐壮大起来。我太爷爷在会馆主事期间就是买地——在义仓街(现仓廒街)买的地。以前会馆每年都有名册,上面有买地的记录,比如谁买的谁的地、买了多少等等都会记载在册。我小时候,那些小孩子们都喜欢把这些书上的纸撕下来叠小船。现如今在市面上也有流传这个买地的记录,几千块钱一本。

在建江苏会馆之前,那块地是一个粮仓,是找天津水会买的地。现如今只保留了那个买地记录的照片文件,什么时候买入、什么时候建起、东院西院的房间数、谁是保人等等都有记载。

江苏会馆建立起来之后,全家人都搬来了,孩子们也来了。建立江苏会馆一个靠的是集资,再有就是当初太爷爷经营同乡会挣下的钱,花五百两买了地。当时有很多江苏人在天津做生意,从事漕运的也有很多,江苏会馆就成立义园做寿材,成立寿材工厂,通过这种方式,会馆就挣下了钱,在白庙那儿买了墓地。与此同时,会馆钱挣的越来越多,因为南方人办完丧事买了地后过了几年要迁走,而墓地的钱是不退还的,墓地可以再利用。一个是靠这个收入,另一个是靠操办白事儿以及集资来挣钱,这些得到当时任直隶津海关道兼直隶津海关监督的盛宣怀和大官僚们的支持。

曹汝霖、庄乐峰(耀华中学筹建人)、雍剑秋、杨味云等都是江苏人,他们成立了董事会,这些人都很信任我太爷爷,会馆的事都由太爷爷打理。会馆做善事,到了夏天,跑肚拉稀的药就会放在会馆门口的箱子上,任大家自取;1939 年天津闹大水的时候,会馆后面的戏园满是灾民。

1934 年,我太爷爷翁庆甫去世,我爷爷经营会馆了。我爷爷叫翁寿鹤(字芝卿),当时挺有名的,只要信上写"翁芝卿收",信准能寄到江苏会馆。到了 1937 年以后,江苏会馆逐渐没落,翁家也接近破产,在天津的其他厂也都受到牵连,就把仓廒街 43 号房产卖掉了。

·江苏会馆门楼内的木雕

我父亲翁竹舫1920年生人，曾在新学书院上学，那里的教师是外国人。当时上学时，我父亲曾经在学校随便填了一个表加入了国民党，也没参加过什么活动，但这事不知怎么被日本人知道了，当时国民党也是抗日的，所以日本人天天到家里搜查，翁家耗尽了家产疏通关系，才使我父亲幸免于难。经过几次折腾，我爷爷受不了这样的打击，一病不起，虽经名医救疗，终不见好转，好不容易盼到日本投降却与世长辞。

我爷爷病逝正处于解放战争期间，社会动荡，民不聊生，经济萧条，江苏会馆的主事落在我父亲头上。那个时候市场物价飞涨，经营艰难。没有办法，会馆将东院的北房出租给上海朋友范先生开的天一电木厂做厂房使用，东房租给胡玉兴镜框厂，戏楼一部分租给永义瓷庄，才使会馆得以勉强维持。

会馆的职能直到我父亲这辈还在遵守——帮助同乡人、帮忙找工作什么的。到了1952年，会馆的工作就全部停止了，会馆归由民政局管理，江苏会馆和江苏公墓迁址，全部搬到了北仓。

·江苏会馆界碑

江苏会馆原址在仓廒街36号，从小胡同进去左边是戏台，戏台不是露天的，上头有棚子，会馆成立的时候梅兰芳在那里演过戏。前院办公，进大门几级台阶上面有个栅栏门，四方木头外面包着铁皮。抬头，上方就是江苏会馆的那块匾。匾是翁同龢写的,因为他也是江苏籍。门左右两边写着“江南灵秀,左右恩光”,门楣上面写着“加官进爵”。两块江苏会馆的石碑——也不清楚是谁写的,一块在院里,一块在江苏会馆的胡同尽头。现在院里那块在博物馆了,另一块在南开三马路一个门脸的橱窗里。会馆说是四合院,但实际上是假的四合院:东边是一溜长廊,北、西、南有房子,后里有一口井。

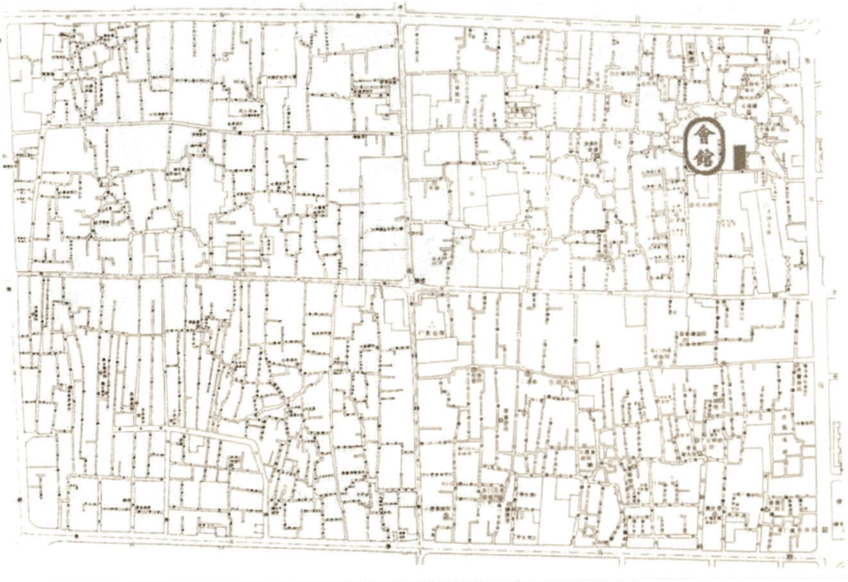

·当年江苏会馆在天津城里的位置

广东会馆的故事

◎ 讲述者:黄殿祺 1939年出生 家住宫北大街 原天津戏剧博物馆(广东会馆)馆长　张显明 1935年出生 家住仓厥街德善里(维善里)

黄殿祺:中国的会馆大约是从明代或明以前兴起,北京有,天津也有。比如说山西会馆在估衣街,李叔同故居后面也有一个山西会馆,说明山西人在天津生意做得不错,所以他们的会馆比较多。

天津有潮州会馆,也有闽粤会馆,最早的在北马路,就是广东人和福建

· 广东会馆大门

人合起来开的。地点为什么要放在那儿呢？主要因为背靠海河以及有三岔河口的北运河、南运河。他们把海上的粮食通过这里进到天津口岸，倒到运河，再运到北京。我记得当时的会馆起码有一二十处，最大、最早的就是闽粤会馆。

会馆的作用是什么呢？比如说你是广东人或者福建人，到我这儿来，我给你解决住的地方；身体不好了，可以在这儿休养；遇到困难了，我帮你解决……就好像我们现在的办事处一样，广东人、福建人遇到事了，就找闽粤会馆。

同乡会是一个组织，会馆实际上也是。虽然有经营的问题，但不能乱要价。里面有戏楼，有供奉的神像——一般是供武财神，还有的是供天后。会馆里面有疗养所，可以养病。会馆本身经营，自己有一些经济基础，如果你没钱了，它会拿出钱来帮你做一些事情。闽粤会馆开始由广东人和福建人轮流主事，但后来在管理过程中产生矛盾，最后打到了北京的大理院。广东人后来就另立门户，以唐绍仪为主的几个广东人以集资的办法建了广东会馆，地点在鼓楼南侧。唐绍仪，是孙中山的同乡，广东香山县人。

广东会馆从1903年动工一直到1907年，大约用了四年的时间才完成，花了九万两白银。山墙上刻着砖雕的龙——清代之前民间是不准用龙的。为什么会馆用龙呢？因为是官办的。房子是中间一间，两边两间，不用尺寸就可以盖起来，因为都是有制式的。广东会馆的第一块牌子上写着“岭渤宁和”。岭就是广东；渤就是渤海、天津；宁和，合着团结，意思是说从广东到天津之间经济的来往要团结、要和谐，这个落款是海关道，所以敢用龙。两边有几块碑文，意思是说我们广东人到了北方，一是不忘广东，二是在天津设这么一个地方，是为了联合起来搞什么事情，所以盖了这个会馆。同时还盖了一个戏楼，叫歌舞台。在开会的时候，可以在上面讲话，还可以供大伙看戏。粤剧，就是广东音乐。后来老城里为什么流行晚上在街头拉广东音乐呢？就是受了这个影响。著名导演黄佐临小时候曾由他父亲抱着到广东会馆看过戏，他的父亲黄颂颁为广东会馆捐过钱，碑文里有他父亲的名字。

广东会馆有花园，花园后面有一块大影壁，影壁后面是正门。正门是用两个大理石的狮子顶着，狮子之间的门槛是活动的。来人的话，就提上来；关门时，人是进不去的。门厅里面门是四扇。如果是官府的人来了，把门打开，直通四合院。一进是正厅，第一个四合院四个角种了四棵槐树。夏天槐花的香味非常好，目前只留下了三棵。再往后，正房的两边有走道，再进去

·广东会馆的戏台

就是一个戏楼，能容纳四五百人，两层楼。楼下有包厢，楼上有雅座。舞台造景是一块一块木头镶嵌的浪花造型，顶子是圆形的，螺旋式上去的，有一种造音的效果，唱出的声音可以被它拢住，声音到了下面就有一种共鸣——那时候最好的娱乐就是唱戏。两边用木头雕刻藏着三四寸左右粗的拉杆，武术、魔术也可以用起来。贵客在二楼包厢的第一排，一般的人都坐在下面。这个剧场是中国剧场里面的分水岭，敞开式，三面观众都可以看，不用扩音器，声音可以传到各个角落。这个地方经常演粤剧，演广东音乐，梅兰芳等很多名演员也在这里演出过。

会馆两边还盖了其他的房子，用出租那个房子的钱来养会馆，因为会馆是公益事业。

会馆是一个公共场所，有时开会就借用这个地方。我中学毕业后，家里比较困难，觉得应该边工作边上学，晚上业余时间上高中，就在这个广东会馆里面，在这个四合院东边的房子里。后来这里就叫女三中，后来叫红军中学，再后来又叫中山中学——那还是我做政协委员的时候提出来的校名，里面立了一个孙中山雕像。

广东会馆剧场的建筑有广东、潮州的地方特点，融合了北方的建筑结构形式。光那两棵大梁的柱子就有二十四米长，是楽木，据说是从海南岛直接运过来的。横梁上面有一个造景，表面上刻着“渔樵耕读”。再上面是一溜儿镜框。下面横眉有一溜儿狮子，是九个狮子滚绣球。两边垂下来的叫垂花柱，荷花瓣造型；荷花上面有非常巧妙的狮子，尾巴朝下，雕刻得栩栩如生；一个母狮子，一个公狮子，趣味、灵巧，既有南方狮子的韵味，又有北方狮子的气魄。地面是红色的砖，走进来就好像走上红地毯。四合院有走廊，下雨的时候可避免淋雨，从走廊就进来了，这和广东、潮州的房屋结构是一样的。

1912 年 8 月，孙中山北上到天津，在广东会馆发表过演说，天津组织了大约八百人听讲。孙中山在歌舞台上慷慨陈词：“吾国自改建共和，仅有其名，尚无其实，危险较专制时代尤甚。友邦爱我者，多方提携维护……”主要内容是讲我们四万万人要团结起来学习欧洲，把国家治理好。他从广东会馆出来，过金刚桥到河北公园，又演讲，后来那里就改成中山公园了。他的演说当时受到工人和大众的欢迎。

广东会馆在革命时期做了很多工作，比如支持五四运动、五卅运动、省港大罢工等等；海员有广东人，就住在广东会馆里面；游行的时候也要从广东会馆集合，从这里出发，经过东马路、北马路。我们天津市工人总工会后来也设在这里。

是我建议把广东会馆搞成天津戏剧博物馆，对这处地点加以保护。

张显明：天津的会馆兴起得比较晚。明朝设卫，是一个军事建制，没有什么商业往来，也没有举子赶考，范围很小。清朝雍正三年以后，天津撤卫改州，后改称县，县又升府。到了雍正九年，天津就有了府，这是一个比较高的编制——是大城市了，商业往来也多了。尤其，天津又是漕运中心、盐运码头，来往客商特别繁忙。天津的会馆是商业性质，来天津经商的外地人，尤其是广东、福建那边的人，语言和天津人的差异特别大，天津人听不懂他们的话，所以他们决定自己组织一个同乡会性质的会馆。这样天津出现的第一个会馆就叫闽粤会馆，是在清乾隆年间。这个会馆设在针市街上，南运河正在那儿有个弯，从大门出去就到了河边了。闽粤会馆是三个组织联合盖的会馆。闽，就是福建省的简称，以福建人为主；粤，广东的粤，包括两部分：广东东部挨着福建的有一个行帮叫潮帮，包括汕头；另外广州帮称广帮。这样，三帮联合组织了闽粤会馆，他们说话比较接近。

三个帮一起盖了一个很大的院子，门一直开到护城河边。闽粤会馆我去过，从针市街大门进去以后，有一个很大的院子，可以当足球场；在城根儿有一个很大的戏台，旁边修了个妈祖殿，里面供奉妈祖。闽粤多海商，妈祖信俗在其人民生活中占据极其重要的位置。这个妈祖殿坐南朝北，因为北面出来就是南运河，娘娘要对着河。1900 年八国联军来了，把城墙拆了，修成北马路，跑上电车，交通便利了，门才改到北马路那儿。每年到了皇会，这里特别热闹。三个帮规定，财政收入、开支账目一个帮掌管一年。后来三帮之间发生了点儿矛盾，结果三帮分开了。广帮分出来后实行会员制：凡是加入会馆的人，每年拿出一部分钱来交会费；另外他们盖了房子出租。他们还要对同乡的一些困难户进行帮助；有人经营破产了，他们要资助路费；有在天津病了、死了的，要负责给治疗、安葬。广帮后来另盖了一个会馆，这就是广东会馆，选址在鼓楼旁边的一块地，原来叫盐运使司衙门——是管盐商的，广东人在天津的有钱人特别多，四大买办的头号称"怡和梁、太古郑"——指梁彦卿和郑翼之。这个梁彦卿自己就拿了六千两，郑翼之拿了三千两，凑了几十万两银子，由当时海关道的唐绍仪牵头，从广东运木料，按照北方的青砖对缝的样子盖，构造又是广东样式的。另外，它的戏楼也特别讲究。可以说，这是在全国都数得上的最讲究的一个会馆。

·当年广东会馆在天津城里的位置

改造老城厢

到2003年整体拆迁之前，天津老城厢居住着2.8万户居民，7.8万人，几代人同居一室的比比皆是。在这里的几万间破旧平房中，百年以上的老房居多，很多墙皮碱化脱落，夏季闷热，一下雨就满屋灌……

老城厢改造已经过去很多个年头，一座现代气息和传统文化相结合的新城区已经拔地而起，老城厢以它那六百年的沧桑和新时代的面貌继续书写着天津的历史。

我们不禁遥想，当年，穿梭于各种小胡同之间，感觉世界也就是这么小：这里的一切，就是全部的生活；这里的一草一木，都承载着美好的回忆。六百年，无数令人回味的东西，如今已被留在文字中，封存成一份永久的记忆。

亦喜亦忧

老城厢改造的必要和困难

◎ 讲述者：高立成 1949年出生 原南开区建委副主任 老城厢改造工作人员

·1994 年 5 月北马路拓宽工程启动，人们在北马路白衣庵胡同口阅读关于北马路南侧拆迁的“公开信”。

老城拆迁的时候，已经搞了一段自来水入户了。20 世纪 80 年代就集中搞过——整个北马路从正兴德一直到西马路那个口。西马路这边是从西北角一直到西南角那个原来的环球旅舍，由正兴德那个自来水营业所主管。

应该说我对老城挺有感情，一个是因为曾经有一段时间我工作在老城，在那里的学校工作了十几年：我 1974 年到三十一中工作，1985 年调到人大；还有一个因素是后来我在人大工作了一段时间后，区里因为工作需要把我调到建委搞危改。1994 年天津市启动搞危改，各区建立了推动组，对南开区所有的平房区逐步了解情况，然后随着危改的深入，一片一片拆院。北马路是 1994 年的 4 月 29 号启动拆除的，到 6 月份就全线拆完了，拓宽了马路，一千六百多户完成了搬迁，很快。老百姓当初对政府的拆迁工作非常支持。

老城里的民风挺好，南开区拆迁了这么多地儿，一比较，老城厢的老百姓是通情达理的，拆了那么多户，居然没有上访的。当时按照政策要求，主要是给货币补偿，政府再给提供一些方便，聚集了全市好多开发商，要求他们降低利润，或者说零利润，到现场来摆摊卖房，老百姓直接拿补偿款再添点儿钱买房子就行了，对特困户则采取了一些捐助的办法。

老城里有好多院，尤其像是东北角、西南角这些地方，挺规矩的大小四合院，大户人家就叫四合套，一个箭道分多少个院，像老城博物馆那种样式。那房子都是特别高，冬暖夏凉。20世纪90年代，老城的住房情况跟外边的比不是最差的。后来天津市的危改工程取得了阶段性成果，南开区的西广开、南门西的万德庄大面积拆改后都建成了楼房，老百姓都住进成套单元房了，有了自己独立的洗手间、厨房，可是老城仍然还是老状况，这样一比较就显出老城的生活状况差了。那个时候考虑拆迁改造也是基于这个原因。

拆老城的时候也有争议，有些人说老城拆了怪可惜的。在这个问题上我也有我的想法，因为咱接触老城的普通老百姓相对比较多，在当时那种情况下如果等慢慢改造，老百姓在那种平房里生活至少还得再受十几年的罪。当初老城里有点儿钱的人都在外面买房子搬走了，拆迁的时候至少有百分之十几到百分之二十是空房，一个院里总有空房，因为都搬走了。没法在那里住啊，住在老城里要挤公厕——将近一千五百人一个公厕，早上起来排队那是一景，公共厕所门口总有人排队，没办法。这还是比原来进步了的，以前的公厕还是靠人工掏呢，后来才改成旱厕，那还是政府投资改的。从1987年到1989年连续搞了几年民办公助，修老城里胡同的路，结合自来水入户。原来是水铺卖水的方式，后来就是一个院里一个水管子，吃水特别困难。可是自来水入了户以后也没有从根本上改变什么，管子锈蚀了以后，水流滴滴答答的，没有一两个小时接不了一桶水。所以老城拆迁的时候，家家户户都有个大缸。可见老城当时不改造是不行了。

现在看也有很多遗憾。比如说仓廒街徐家那个建筑物，砖刻、木雕都非常好，我们当时就极力通过文化旅游局和建委想争取把这个地方保留下来，但是很可惜，规划线最北边就在这个北城街上。当时的基督教青年会压着规划线也有四米多，后来市里也觉得有保留价值，给列到历史风貌建筑里了，于是就形成现在这种情况：等于是它占着一段路！我看挺好，就这样吧。2014年是青年会建成一百年，它是1914年建成的，16号竣工的，这个在历史上绝对有重要的一笔。这是美国的一个教会的传教士在这里建的,在咱天津发展的历史上,在体育、教育方面的作用挺大。建筑材料大部分都是用船运过来的,图纸是全世界青年会都用的一个图纸。

此前,每届人大代表在开两会的时候都会提有关老城拆迁方面的提案,但是条件不具备,主要是资金太少了,根本没法启动。戴相龙来了以后给解决了资金的问题。他跟中国建行谈成的受限额度一百个亿,用于天津南北大片危改的拆迁,这给老城带来了机遇。这一百个亿当中南开区用了三十多个亿,占了将近三分之一。

拆下来还是比较顺利的。整个拆迁前期工作是由我主管的,我带着六七个人,对老城厢当初拆迁时的大约一千几百亩地用1∶500的比例尺用图纸进行测算。因为得知道当时老城里的建筑物有多少,然后按照建筑物补偿,还得剔除学校和那些公建,要专门测量民建。就是说专门测量老百姓住的房子,比如测量出在西南角整个范围内有多少平方米居民的住房,然后反算出来每亩地补偿多少钱。这六七个人经常弄到半夜一两点钟。我们那边签了协议,这边就有一个要启动的问题,要启动就得分配任务,任务怎么分就得需要我们做前期工作。拆迁入户调查这方面我们不管,但是测算这方面我们就得管。开完了新闻发布会以后,隔了两三天,上边就需要这个数,不加班不行啊!白天、晚上夜以继日地弄,最后测出来西南角156万一亩地,东北角195万一亩地,这个数字提供出来以后,划分出了A、B、C、D、E、F地块,中间环形的那块叫做O地块。然后建委、房管局、建设开发这几家分头领任务,确定一个启动时间:市建委要求我们三年内,即在2006年12月年底全部拆完。

区里采取的是批次启动,先启动A地块,老板姓当时非常踊跃,集体搬家,排队搬家,夜里搬家,拆迁户都说这事儿办得好。当时遇到的一个很大的困难就是资金不到位,因为这个,我派我底下的一个干部天天就蹲在跟我们签协议的建设总公司那儿,他不急着给拨款是因为他不了解我们基层工作的难处。比如他要求我们把西马路拆出三十米来,拆迁毕竟可以有先有后,但是老百姓搬家不行,不可能等着这块地都拆净了再启动后面的拆迁片。他们不理解，所以就造成我们特别被动。我们跟南开建行有点儿默契，建行在现场发折子，透支了将近四个亿，滚动着透支，我们就是顶着这样的压力在工作。

我们克服了诸多困难，按照原计划一片一片地批次启动，反正后来总算拆下来了。大家都不太相信我们能在计划时间内干完。结果等到E、F地块报捷的时候已是10月份，10月初到10月中旬基本就拆完了。南开区全力以赴，要把老城厢这块拆迁工作完成好，有关部门承担了很大的损失，比如学校、区管单位等等。现场投入拆迁的干部很辛苦，天特别闷热，湿度特别大，我们建委有个干部，那年他56岁，白天说不舒服回去了，结果到夜里觉得心脏疼，等到四点多就不行了。还有一个干部在鼓楼西小学现场，他人挺胖，就说心绞痛不好受，现场有车直接送到272医院，赶紧做手术，慢一点儿人也就不行了。还有干部的母亲重病在医院，自己根本没有时间去陪的，因为拆迁现场根本就离不开……类似这种情况太多了，当时这些干部付出的辛苦太多了！

我后来盘点一下，整个老城保留或者是迁建的有十几处。老城博物馆应该可以算是一个比较完整的四合院，还有一个格格府——原来南门里的祁家大院。像卞家大院、华家大门那块，到了拆迁前实在是已经没有保留的价值了。我到现场看过，那是一八几几年盖的，后来由于危房给修过，修时添的是红砖，这样墙上又有红砖又有青砖，也就真是没有什么保留价值了。

拆迁时收集门牌和照片

◎ 讲述者：杨文惠 1929年出生 曾住华家大院

我爱好收集老门牌，有十本，都是按区存放的。收集从2002年开始到2011年结束。我是骑车出去拍照片收集门牌的。这十本里六个区都有，

·"门牌大娘"杨文惠近影

和平区最多，有三本，南市那块专门有一本。城里这块我是按照它的四角，连照片带门牌，东南角、西南角、西北角、东北角，然后东马路与娘娘宫（古文化街）那算一片，照片也是这样排下来的。

老城这块的收集是从它拆迁的时候——2003年开始的，分三期。另外把它的四个派出所都拍下来了，一个"角"一个派出所。在老城拆迁之前，我对城里可以说不熟悉但也熟悉，小时候在那里住了有一年多，以前在城里的华家大院，因为新中国成立以前我母亲在华家大院给人家当保姆，我和母亲一起住。后来我也拍过很多华家大院的照片，因为地震、拆迁都成大胡同了。拍的时候有一次带了相机没带胶卷，后来又重新骑自行车去补拍。

·杨文惠将拍摄和搜集来的照片、资料整理成册

2003年后拆迁我再去，地震以后各院都搭得满满的，就是一个大胡同子——都是很大的一个胡同然后再分小院。祠庙我也拍了，说是过去是哪个皇帝或是大官的祠堂；龙亭街那块，我也去拍，进去一看不大，就一个小院，里面是民居，后来我又追着补拍，可是已经拆了，那里面有个碑。

2003年的时候我到老城去了二十多趟，每次拍照我都去得特别早，夏天我5点多就出发，转的时候有的家里有人，有的家里没人，了解情况时也碰不上什么老人，碰上了就大概问问，有的人有点儿资料。相片的后面我都有点儿简单的记载，记上是哪个胡同，等等。

创办天津老城网，发起老城邻友会

◎ 讲述者：戴晓泉 1976年出生 曾住北马路至祥里

2003 年老城厢整体拆迁时，我从 6 月份到 10 月份，骑着车，带着一台照相机、一台摄像机，在城里拍了将近五个月。那时单位离城里比较近，所以可以利用中午的时间去，下班后有时也去。很遗憾，那时没有数码相机，要不还能多拍些，越拍越觉得城里这么全拆了可惜，尤其是有的大宅院，刚拍完没几天再去，就成平地了。我不是说城里不该改造，有很多破房子确实是应该改造，可是这么一块见证天津历史的区域，几乎是一点儿不留的，把那么多的大院子和名人故居，有的甚至是革命遗迹都统统拆了，确实有

·2003 年天津老城内沈家栅栏胡同中正在拆除的院落

些遗憾。虽然有不少房子已经很破败了，但像仓廒街徐家大院、江苏会馆，南门里的铁门张家，东门里姚家、杨家，户部街王家，东马路的东安市场等等，拆除时保存得还是比较好的。当时有二三十处挂着文物牌的建筑也说拆就拆了，不知道是为什么。

2003 年，那时网络已经开始逐渐普及了，我就想，虽然老城里没了，但惦记着城里的人应该还有不少。因为我在城里住的时候，周围的邻居、长辈一提就是“我在城里住”，这不是什么炫耀，我觉得这是对一个城市、一个地区的归属感和认同感，一个城市的人民要是没有了归属感，那就没有

·“老城 E 刊”中登载的第一届老城邻友会盛况

了稳定的基石。那一年的年底我自己鼓捣了个网站，开始是网易的免费空间，后来免费的没了，我就自己申请了一个域名（www. tianjinoldcity. com），租用了网上的空间，把我所拍摄的一些图片放在了网上。逐渐的，在网站上留言的人多了起来。2006 年时我开通了天津老城论坛，现在仍在开通，成为人们关注天津老城的一个平台，现在有两千多正式注册会员。2010 年时我和朋友制作了一份“老城 E 刊”，开始是图片版，后来改版成微信公众号，不定期地刊出关于老城的图片、故事或考证成果，放在网上供大家阅读。这两年，我们又依托网站和微博、微信发起了“同画找家图”的活动，

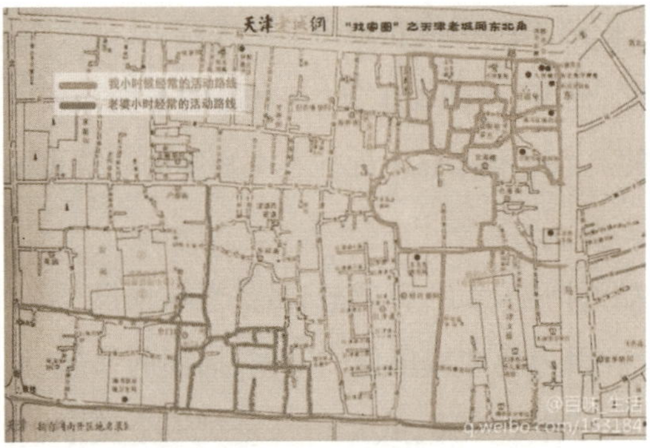

·网友“@百味生活”夫妻两人共同绘制的《找家图》

将天津老城老西北角等老城区的地图传到网上，让曾住在那里的居民在上面标出自己家的位置和自己当年常去的胡同，有很多人参与其中。天津的一些电台、电视台、报纸也报道了我们关于老城里的活

动，这样一来联系的人就更多了。为了加强与散落各处的老城里人的联系，让大家有一个聊天说话的地方，让更多的人了解老城文化，在2011年初由我发起并操办了天津老城网与老城博物馆、天津建筑遗产保护志愿者团队共同主办的第一届邻友会，当时也得到了知青网的大力支持，有很多居住城里的老知青来参加邻友会。据我了解，这次邻友会应是天津第一次以老邻居联谊为主题的文化活动，在这之后我们又组织了一些小型的活动，积累了一些宝贵的口述影像资料，也有更多的人加入到对老城文化的挖掘整理中来，我们也经常在一些报刊和媒体上发表一些文章。2013年6月，为了纪念老城整体拆迁十周年，天津老城网又联手天津文化遗产保护志愿者团队和天津知青网在老城博物馆共同主办了第二届天津老城邻友会。这次来参加的老居民有五十多人，比第一次参加的人数多了，年龄层次丰富了，有的老邻居还给我们写了诗、题了字。这之后我们和天津广播电台滨海广播的《城市记忆》栏目，合作举办了“回望老城”的专题节目，采访了大量老城居民和专家学者，并在当年9月份播出了一个月。

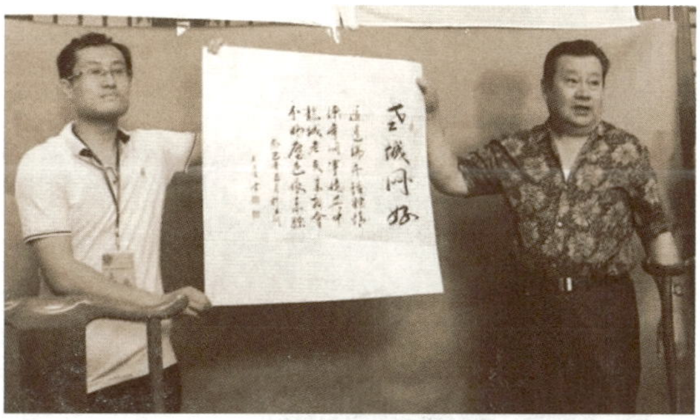

·第二届老城邻友会时老邻居刘德鸿为老城网题字

2014年我们重新整合了一下，将老城邻友会作为一个联系热爱老城文化的老邻居新朋友的团队，还设计了logo，把天津老城网作为邻友会的网站，把“老城E刊”作为会刊。当年12月，应南开档案馆之邀在馆内举办了第三届天津老城邻友会，并以此作为档案馆口述征集的启动仪式。

·老城邻友会的logo

·第二届邻友会与会者合影（图片摄影：于涛）

不论天津还是其他地方，老城，对于一座城市的百姓，在很多人心里都是一种情结。在这几年关注老城的过程中，我有两个愿望：一个是如果可能的话，将来把老城的景象做成多维立体的场景，把一座座大院、一条条胡同展现出来，并把老城的文化融入当中，让人们能够身临其境般地体验老城的文化与韵味，也可为文学、影视创作提供基地或素材。另一个愿望是，全国各地的老城有很多已拆迁，希望都能有类似天津这样的邻友会，将老城人聚在一起，共同为抢救、搜集、研究、传承各地老城文化做事情，也希望彼此多沟通、多交流。

我拍摄的老城厢和盐店胡同的砖雕大盗

◎ 讲述者：王鹏 1977年出生 曾住云林里

城里因特定的地理环境和政治地位有着它特有的民俗文化，东、南、西、北四道城墙改造的道路围成了一个独特的生活圈子。我虽然没在城里长期居住过，但自小学习、工作必定途经城里，亲朋好友也多住在城里，因此我同样离不开这个圈子，舍不下这份城里人的情感。同时我又是一个历史爱好者，是个很念旧的人，所以进了城里就总有一种无比的亲切感。

记得有一年刚过春节，街头巷尾的人们就议论着说老城里要改造了，但总觉得时间还长着呢，哪想到这么快就全拆了。我每天依然重复着必经的路径，可是到了6月初，老城厢改造就全面启动了，看着老邻居们陆续搬走了，以前熟悉的景致一点点消失了，才觉得时间紧迫，必须开始追赶老城远去的脚步。怎么办呢？拍照吧！

那时候家庭条件不比现在，就算有个胶卷也要留着家庭聚会时使用，哪舍得给我拿来拍城里的老房子？说实话，以板桥胡同为例，走马观花地拍下来怎么也得要两三卷胶卷，实在是担负不起！这时候父亲的支持给了我极大的帮助。一天下班回家，母亲边笑边偷着告诉我说："你爸买了件好东西，你赶紧去瞧瞧！他一高兴准能借你用用！"我到里屋一看，父亲正摆弄一个小盒子，仔细一瞧，居然是一台数码相机！现在外边数码相机随处可见，手机拍照都能达到千万像素，可那时候这可是稀罕物件！我给大家介绍一下当时这相机的配置吧：品牌美能达、两节充电电池能支持五十张左右相片的拍摄、像素380万、内存卡32兆！父亲嘴上说是他自己拍照用，可我知道他就是给我准备的，激动得我眼泪都快掉下来了！自己暗下决心，不能浪费时间，要把能留住的尽可能多地留住！

我家住在南马路城外靠西，离城里西南角片最近，所以后来我拍片的顺序就是自西向东、从南到北。遗憾的是等拍到东南角片，拆迁已近一半，多数景物已很难辨认了。从父亲那借得相机后的第二天我就开始了和拆迁大军争夺时间的竞赛，由于白天上班，只能一早一晚两次进城里拍照。好在正值初夏，天亮得早、黑得晚，我每天四点半起床，五点多进城里，七点多回家去上班，下午五点半下班后直接进城里拍到天黑再回家，第一件事就是赶紧给电池充电，预备第二天一早的行程。当时我的装备包括：相机、一张细致到胡同的地图、一支记号笔、一个水壶。就这样日复一日的一直拍到了9月初。虽然是数码相机，但存储卡容量很小，两张卡一次也就只能存下不到七十张照片，而且当时我的摄影技术只能说是“记录”，相机的感光度很低，天色一暗，相片拍出来就没法看了，经常在一条胡同拍多了，记忆卡满了，只能先跑回家拷到电脑里，再返回城里继续拍……就这样，等8月份拍到城里东边时，好多建筑已经面目全非，路牌门牌都已消失，除了老住户，人们很难辨认出地名了。

· 盐店胡同14号门楼局部（照片提供：苗贵明）

我记得有一个院子，是盐店胡同14号，那是一处规模不大的四合院，院内后期搭了很多临建，但主体格局没变，正门朝东，进院有影壁，我向主人提出想进院拍照，被婉言谢绝了，所以就把重点放在了大门处。在这一带闲逛时，街坊总提醒我一定要去盐店胡同拍门楼，那可是袁世凯姨太太住的外宅，当然这只是传说，无从考证，但这砖雕确实极为精美，一绝就在于大门上方的一组水鸟荷花山石组成的自然场面。经仔细观察，是由五块砖雕拼接而成，两边有立柱呈屏风样式，其上雕有牡丹、荷花、太湖石、鸳鸯以及鹭等水鸟，花枝、山石、水鸟的腿全都是镂空透雕的！如此精美的砖雕，其收藏价值甚为可观，这就让那些古董贩子给盯上了。就在8月底的一天晚上，周边住户在半夜两点多听到外边有动静，就赶紧出屋查看，出大门发现有两个人影向南跑了，在路灯昏暗的光亮中消失在拆迁后的残垣断壁中。再抬头一看，坏了，砖雕让人给偷走了！前边跑那两个人影一准是偷砖雕来的，怎么办？哪能让他跑了，叫人追！街坊邻居全来了，组织了三十多人的巡查队，有手电的打手电，没手电的点火把，向南边铺开了追了下去。这砖雕是此地住户的宝贝，本想着拆迁时找专业文保人员拆下来送到博物馆，要是落在文物贩子手里就不知所踪了！大伙一边喊着一边在废墟中搜索，可惜大家被从睡梦中召集起来耽误了些时间，这两个小贼已经逃远了，最后也没抓到。天渐渐亮了，有心细的邻居盘算着，这砖雕一共五大块，每块少说也有二十来斤，加一起超过百斤，一般人搬着它根本跑不远，估计人跑了，东西也没法带出城。大伙一商量，天放亮了再好好找找，砖雕准让贼给藏起来了。结果在快到涌延街的一座残墙后边墙角处发现一个编织袋，打开一看，正是丢失的砖雕！就这样，这城里特色的砖雕又被追了回来，众街坊一商量，别耽搁，赶紧送博物馆！现在您在参观徐家大院老城博物馆时，就能一睹这组砖雕的“芳容”呢！

拆迁的伤感

◎ 讲述者：王跃茗 1975年出生 曾住东门里津道后

·2003 年津道后的景象

我对老城印象最深的是 2002 年最后一次去，那次是已经知道拆迁了，而且家里人也都搬走了，我正好溜达到那个地方，就想上那儿看看去，就从官银号菜市进去。一走到那儿发现，门板什么的全都拆没了。顶子不是坡顶的木结构吗？整个都已经露天了，框架还在，但是顶子已经都给挑了。我从那个胡同拐到三义庙街进来，两侧的房子很少有比较完整的了，好多院墙全塌了，好多房子的窗户、门也都拆下来了，我深一脚浅一脚地往那边去。我以前知道要拆迁的时候，从这过，我就注意看哪个住家有门廊砖雕，我就想，等拆迁时我就弄一个收藏，但是当真到了这个时候，我却不忍下手……

再后来，走着走着就进到自己院子里面了。门没了，院子的顶子都挑没了，门窗都卸下来了。临拆之前，我们家都不让老人在院子里待着，他们从小在那儿出生，七八十得搬走了，怕他们受不了。

以前想去没敢去的院，这次终于可以去了。那时候在胡同玩行，但是到人家院里去不行。回来家里人要是知道了，就得一通数落。有一户人家院子里有一棵大树——老城里很少能看见大树，可是这棵树很大，它的树冠可以盖住旁边两个院，这次终于进去看了！想在屋墙上弄块砖下来吧，一块也弄不下来。这种青砖的房子就这么结实！

胡同情深

◎ 讲述者：苗贵明 1946年出生 曾住东门内大街石桥胡同

·苗爷爷20世纪90年代末在家门口的留影

我是一直住到2003年拆迁才搬走的。公告上写的是搬迁“截止到当年的8月31号”，结果就是在那年的8月31号搬走的。那年我父亲87岁了，从新中国成立前就住这，老爷子不愿意走，其实那个“小狗窝”可是住了有年头儿了。主要是有那么多邻居，白天家里上班的都走了，就有好多邻居的小孩儿，一开门喊：“苗爷爷好！”苗爷爷还没听见怎么回事，小孩儿就跑走了。一会儿又来一个小孩儿，还这样。其实这小孩子喊一句，嘛事也没有，但就是那么一种邻里情分。老爷子已经住习惯了，总觉得邻居之间能互相有个照应，说嘛也不愿意离开那点儿地。

让老城里的人情味儿延续

◎ 讲述者：冯利津 1976年出生 曾住西门里大栅栏胡同

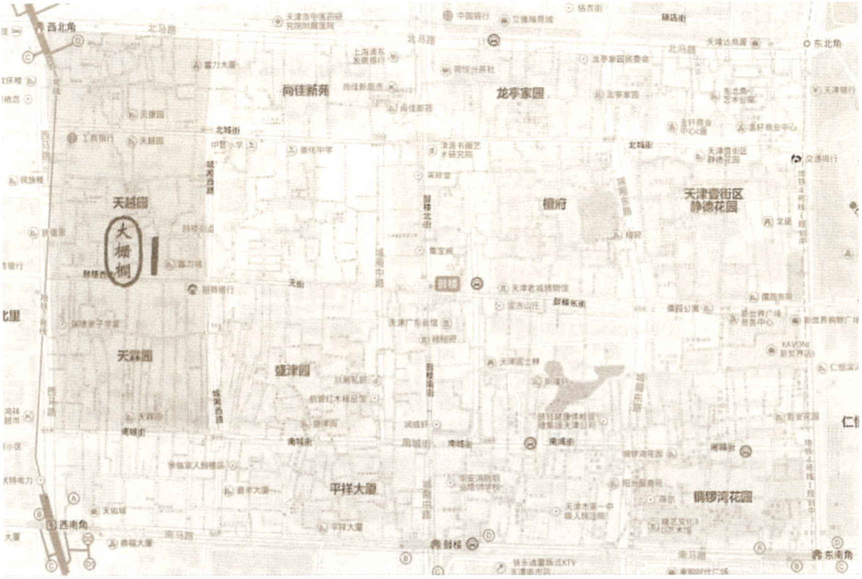

· 富力城住宅区(阴影区域)与原大栅栏位置对照图

从我爷爷那辈，我们家就在西门里大栅栏那儿住，对那儿也有感情。我从上大学之后就不在那儿住了，后来毕业之后那里就拆迁了，但是只要做梦梦见家里有什么事了，一回家，就准是回老城里的那个家。

我上大学回来之后工作以后，就不在那儿住了。2003 年拆迁，我们回去收拾东西，我还特意拿摄像机都拍了下来。我们小学同学基本也都住在门口，都一起照相留念。

现在我新买的房子在富力城，也是原来的老城厢。当时拆迁后买房时，我父亲还在，选房的时候，看哪儿房子都嫌贵。老城那块儿出了新楼盘，我就带我爸去了，一看，楼盘开发的位置就在我们家以前住的那点儿地，当时的价格应该在七八千，2005 年、2006 年，这个价格可不便宜！可我爸看完以后就告我：“行，挺便宜的。”我就觉得这里有他的老城情结，其实当时好多房子大概也就五六千，四五千的也有，但是他都觉得贵，这个七八千的他倒觉得便宜。他从小就在这儿生活，跟我的小伙伴的上一代都是一块长起来的，比如说找我的朋友，他爸爸就是跟我爸爸从小一块玩起来的，那种关系就越来越近，所以人跟人的感情也越来越亲。

我们搬回来之后就发现，很多认识人也都买了这儿的房子，还有很多人在周边，就挨着老城那块地方买房子了，真可谓“故土难离”啊！

后 记

我们怀着深深的老城情怀，历时三载，将浓浓的乡愁记录在此。

为了这套书，因共同的老城情缘而走到一起的七人团队利用双休日或晚餐后的时光，或全体、或部分、或走访、或研讨、或互相交换史料、或互相切磋，为准确地还原历史而达成共识。有时会因为新购到一本书、一张地图、一张老发票、一张老报纸、一张老照片而欣喜；有时会为一句话、一个提法而争辩商讨到子时；有时会因为睡眠中出现了灵感，立即起床奋笔疾书；有时已到深夜时分还在电话里、微信中探究真谛……所引用史料中对同一事件有不同记载或言之不详的内容，我们反复考证，力求精准；我们常常将已经写好的文章、已绘成的插图于研讨后推翻重写、重画。我们的目标只有一个——留住历史、留住乡愁。

今天我们将这套书倾情奉献给读者。

愿她慰藉老城邻友的思念；愿她能够传递到社会的方方面面，使乡情、乡音得以延续；愿她能够激发年轻人的老城情怀，将老城文化的精华薪火相传。

老城的老房子、老院落不见了，老城的老胡同消失了，但愿我们的文字、老照片和插画能够让读者记起那些曾经的时光。

在本书编写过程中我们得到了众多老城邻友、学者名人、名门后裔的大力帮助，在此一并致以诚挚的谢意！

由于我们的能力、阅历所限，有些内容还不尽完美，请您把尚需补充的内容，不吝赐教回馈给我们，这将是对我们工作莫大的肯定与支持。

最后，向长期理解、支持我们工作，为我们解除后顾之忧的家人们深表感谢！

老城忆看工作室

2016 年 6 月